Humpoletz
Olmütz
Polna
Prossnitz
Iglau
Mähr
Böhm. mähr.
Gr. Meseritsch
Neuhaus
Böhm.
Telsch
Trebitsch
Brünn
Austerlitz
Wittingau
Znaim
Nikolsbg.
Gmünd
Laa
Lundenbg.
Waldviertel
Nieder-
Krems
Stockerau
Grein
St. Pölten
WIEN
Melk
nz
onding
r e i c
teyr
Gaming
Wieselbg
Neusiedl
See
M. Zell
Neunkchn
Hochschw.
Ödenbg.
Semmering
Bruck
Güns
Leoben
Hartberg
Steinamanger
Graz
Zala Egerszeg
Wolfsbg.
Radkersbg.
Keszthely
genfurt

Gustav Keller

DER SCHÜLER ADOLF HITLER

Die Geschichte eines lebenslangen Amoklaufs

LIT

Gedruckt auf alterungsbeständigem Werkdruckpapier entsprechend
ANSI Z3948   DIN ISO 9706

Bibliografische Information der Deutschen Nationalbibliothek
Die Deutsche Nationalbibliothek verzeichnet diese Publikation in der
Deutschen Nationalbibliografie; detaillierte bibliografische Daten sind
im Internet über http://dnb.d-nb.de abrufbar.

ISBN 978-3-643-10948-4

© LIT VERLAG Dr. W. Hopf Berlin 2010
Verlagskontakt:
Fresnostr. 2   D-48159 Münster
Tel. +49 (0) 2 51-620 320   Fax +49 (0) 2 51-922 60 99
e-Mail: lit@lit-verlag.de   http://www.lit-verlag.de

Auslieferung:
Deutschland: LIT Verlag Fresnostr. 2, D-48159 Münster
Tel. +49 (0) 2 51-620 32 22, Fax +49 (0) 2 51-922 60 99, e-Mail: vertrieb@lit-verlag.de
Österreich: Medienlogistik Pichler-ÖBZ, e-Mail: mlo@medien-logistik.at
Schweiz: B + M Buch- und Medienvertrieb, e-Mail: order@buch-medien.ch

Inhalt

Vorwort	1
1. Familiäre Herkunft	5
2. Frühe Kindheit	13
3. Volksschulzeit	17
4. Realschulzeit	27
5. Schulabbruch	45
6. Flucht in die Traumwelt	49
7. Trauriger Einschnitt	59
8. Aus der Traum	69
9. Im Wiener Sinnloch	81
10. Lebenslange Nachwirkung	87
11. Schlussbetrachtung	115
Anmerkungen	122
Literatur	124
Quellennachweis der Abbildungen	127

Vorwort

„Es ist widersinnig: Weil einer in einem Fach ‚Ungenügend' hat, soll er dann das nicht werden können, was er hat werden wollen?" (Adolf Hitler)

22. April 1945, Lagebesprechung im Führerbunker. Adolf Hitler wird informiert, dass Berlin großenteils von den Russen eingeschlossen ist. Resignierend konstatiert er: *Der Krieg ist verloren.*[1]

Das Dritte Reich ist dabei zusammenzubrechen. Sein Führer ebenso. Seine Hoffnung auf den Endsieg erlischt. Adolf Hitler sieht keinen Sinn mehr im Führen. Seine Lebensenergie ist großenteils verbraucht. Der Rest reicht nur noch aus, um das Testament zu unterzeichnen, Eva Braun zu heiraten und den Suizid vorzubereiten. Er will eigenhändig sterben, nicht durch Siegerhände gehängt werden.

Die potenziellen Henker sind nur noch ein paar Hundert Meter vom Führerbunker entfernt. Die einzige Macht, die der einst Übermächtige jetzt noch besitzt, besteht darin, sich zu erschießen.

Am 29. April gegen 15.30 Uhr jagt er sich eine Pistolenkugel in die rechte Schläfe, Eva Hitler, geborene Braun, zerbeißt eine Giftampulle. Ihre Leichen werden im Garten der Reichskanzlei verbrannt und in einem Granattrichter der Ewigkeit übergeben.

Der Führer ist tot. Das Dritte Reich ein paar Tage später ebenfalls. Ebenso tot sind beinahe 60 Millionen

Vorwort

Menschen als Folge seiner Terrorherrschaft und des von ihm entfachten Krieges. Unzähliges von Menschenhand Geschaffenes liegt in Schutt und Asche.

Wie kommt es, dass ein Mensch ein solches Maß an Destruktivität entfalten kann? Ist es eine abartige Persönlichkeit? Ist es eine frühkindliche Entwicklungsverletzung? Ist es die Folge einer psychiatrischen Erkrankung? Ist es Ausdruck einer kollektiven Pathologie? Ist es eine besondere historische Situation? Zur Beantwortung dieser Fragen sind seit Jahrzehnten unzählige wissenschaftliche und populäre Abhandlungen entstanden. Die Hitler-Literatur füllt ganze Bibliotheken.

Auffallend an den Deutungen und Erklärungsversuchen ist, dass Adolf Hitlers Schulzeit und sein Schulversagen zwar beleuchtet werden, aber leider nicht umfänglich und gründlich. In der bekanntesten aller Hitler-Biografien, verfasst von Joachim Fest, sind es nur ein paar Seiten.

Dieses Defizit verwundert aus schulpsychologischer Sicht. Denn schon zu Adolf Hitlers Schulzeit war das Schulversagen ein gravierender Bruch in der Entwicklung von Kindern und Jugendlichen. Der Schulversager bekam dies unangenehm zu spüren: Verspottung, Bestrafung, Stigmatisierung. Nicht selten wurde seiner Seele eine Wunde geschlagen, die lebenslang offen blieb.

Und wer die Schule darüber hinaus ohne Abschluss verließ, der war zwar nicht automatisch ein Lebensversager, aber sein Start ins Erwachsenenleben verlief wesentlich schwieriger. Heutzutage haben es Schulabbrecher, fachsprachlich auch Dropouts genannt, noch schwerer. In einer Gesellschaft mit hohen Leistungsanforderungen sind ihre Berufs- und Lebenschancen in starkem Maße beeinträchtigt. Der Dropout-Forscher Heinrich Ricking hierzu: *Sie bilden eine Hochrisikogruppe für spätere Devianz, Arbeitslosigkeit, Gesundheitsprobleme und Armut.*[2] Dass die Dropout-Situation und die damit verbundene Perspektivlosigkeit Ausgangspunkt einer furchtbaren individuellen Gewaltentwicklung sein können, wird an Robert Steinhäuser, dem Amokläufer von Erfurt, deutlich.

Schon lange gehe ich als Schulpsychologe mit dem Gedanken um, Adolf Hitlers Schulbiografie nachzuzeichnen und die vorhandene Erkenntnis-Lücke zu schließen. In seiner Kindheit und Jugendzeit war er noch nicht der brutale Diktator. Er war ein Heranwachsender, der noch alle Chancen hatte, nicht der zu werden, der er letztlich wurde. Adolf Hitler wollte Künstler werden, nicht Zerstörer. Auf dem Weg dorthin durchkreuzten Schul- und Prüfungsversagen seinen Lebensplan.

Dieser Misserfolg, so meine Hypothese, war der entscheidende Auslöser einer schlimmen seelischen Fehlentwicklung mit fatalen Folgen. Dies zu belegen, war zunächst nicht ganz einfach. Hauptursache hierfür ist Adolf Hitler selbst. Denn nach dem Anschluss Österreichs im Jahre 1938 erteilte er den Befehl, seine Schulakten sofort zu beschlagnahmen und zu vernichten.

Trotz dieser partiellen Spurenverwischung fand ich genügend Primär- und Sekundärquellen, auf deren Grundlage ich seine Schülerzeit rekonstruieren und Erkenntnisse zur Belegung meiner Hypothese gewinnen konnte.

Meine Erkenntnisse sind nicht so zu verstehen, als sei Adolf Hitlers Schul- und Prüfungsversagen hauptverantwortlich für seine destruktive Persönlichkeits- und

Vorwort

Verhaltensentwicklung. Sie sollen vor allem dazu beitragen, den Anteil seiner schulischen Entwicklungsverletzung an seiner Unmensch-Werdung gebührend deutlich zu machen.

Abschließend möchte ich darauf hinweisen, dass bei meiner Hypothesenbildung und Interpretationsarbeit Alfred Adlers Individualpsychologie und seine Erkenntnisse zum kompensatorischen Machtstreben die zentrale Bezugstheorie gewesen sind.

1. Familiäre Herkunft

„Sie dürfen nicht wissen, woher ich komme und aus welcher Familie ich stamme." (Adolf Hitler)

Der Apfel fällt nicht weit vom Stamm. Von welchem Stamm ist Adolf gefallen? Wie ist das Holz, aus dem er geschnitzt ist?

Der Stamm steht im niederösterreichischen Waldviertel, eine Gegend zwischen Donau und böhmischer Grenze, im 19. Jahrhundert großenteils von armen Bauern bewohnt. Das stille und raue Hochland widerspiegelt sich in einem besonderen Menschenschlag: wortkarg, mürrisch, rau, unbeugsam.

Im Jahre 1837 kehrt eine ledige 42-jährige Bauernmagd namens Maria Anna Schicklgruber aus der Fremde in ihr Waldviertler Heimatdorf Strones zurück. Sie ist schwanger, was ihre Familie als Schande empfindet. Deshalb darf sie weder in ihrem Elternhaus noch in der Ausgeding-Wohnung ihres Vaters logieren. Verbittert und enttäuscht sucht sie beim Kleinbauern Trummelschlager, Strones Nr. 13, Zuflucht. Dort gebiert sie am 7. Juni 1837 einen Jungen. Obwohl sie seelisch leidet, ist die Geburt medizinisch unkompliziert. Noch am gleichen Tag wird der Säugling im nächst gelegenen Pfarrort Döllersheim auf den Namen Alois getauft. Den Namen des Vaters will sie nicht preisgeben, und somit bleibt die entsprechende Spalte im Taufbuch leer. Von welchem Mann er wirklich stammt, wird ungeklärt bleiben. Die

1. Familiäre Herkunft

einen vermuten den späteren Ziehvater. Die anderen argwöhnen immer noch, es sei ein Grazer Jude gewesen, in dessen Familie die Schicklgruberin zuvor als Haushaltsgehilfin gearbeitet hatte. Ein Verdacht, den die Hitlerforscher für unwahrscheinlich halten.

1842 heiratet Maria Anna Schicklgruber den 50-jährigen Müller und Wandergesellen Johann Georg Hiedler. Das neu vermählte Paar lebt in absoluter Armut. Mangels eines Bettes verbringen sie die Nächte in einem Viehtrog. Aufgrund dieser Notlage können sie Alois kaum ernähren und geben ihn in die Pflege von Johann Nepomuk Hiedler. Es ist der jüngere Bruder von Johann Georg Hiedler, ein relativ begüterter Landwirt, der im nahen Spital einen Bauernhof bewirtschaftet.

Als Alois 10 Jahre alt ist, stirbt seine Mutter an *Auszehrung infolge Brustwassersucht*[3]. Dies veranlasst Johann Georg Hiedler, sich wieder auf Wanderschaft zu begeben. Somit bleibt Alois, der Halbwaise, endgültig in Onkel Johann Nepomuks Obhut, was seiner Entwicklung sehr förderlich ist. Denn der Onkel behandelt und erzieht ihn, als wäre er sein eigenes Kind.

Nach dem Volksschulabschluss beginnt Alois in Spital eine Schusterlehre, setzt diese in Wien fort und schließt sie 1854 erfolgreich ab. Doch der junge Schuster bleibt nicht bei seinem Leisten, sondern tritt 1855 nach dem Militärdienst in die k. u. k. Finanzwache ein. Dort will er avancieren, was ihm aufgrund seines Ehrgeizes und seiner Intelligenz gut gelingt. Er steigt Schritt für Schritt die Karriereleiter hinauf. 1875 wird er Zollamtsoffizial. Damit hat er eine gesellschaftliche Position erreicht, die in der Mittelschicht angesiedelt ist.

Alois' Waldviertler Ziehfamilie bewundert den Em-

1. Familiäre Herkunft

Vater Alois Hitler   *Mutter Klara Hitler*

porkömmling. Besonderen Stolz empfindet dabei sein Onkel und Ziehvater Johann Nepomuk. Und der entschließt sich im Frühjahr 1876 zu einer Aktion, die zunächst als merkwürdig erscheint.

Er schickt seinen Schwiegersohn mit zwei Verwandten als Zeugen zu einem Notar in Weitra. Dort erklären sie, dass Alois der legale Sohn seines verstorbenen Bruders Johann Georg Hiedler sei. Tags darauf erscheint Johann Nepomuk mit dem notariellen Dokument beim Pfarrer von Döllersheim. Dieser protokolliert im Geburtsbuch, *dass der als Vater eingetragene Georg Hitler ... sich als der von der Kindesmutter Anna Schicklgruber angegebene Vater des Kindes Alois bekannt und um die Eintragung seines Namens in das hiesige Taufbuch nachgesucht habe, wird durch die Gefertigten bestätigt:*

1. Familiäre Herkunft

Josef Romeder, Zeuge, Johann Breiteneder, Zeuge, Engelbert Paukh, Zeuge.[4]

Obwohl anders geschrieben, besitzt Alois nun den Nachnamen seines Stiefvaters. Und als Dank für den Identitätswechsel erhält er einen testamentarisch zugesicherten Erbanspruch.

Alois' Privatleben gestaltet sich komplizierter als seine Berufslaufbahn. Erst spät, im Jahre 1876, vermählt er sich in Braunau am Inn mit der 14 Jahre älteren Anna Glasl-Hörer, der Tochter eines höheren Zollbeamten. Es ist zweifelsohne eine Vernunftehe, keine Liebesheirat. Außerhalb dieser Zweckgemeinschaft praktiziert er ein reges Sexualleben. Eine seiner Gespielinnen ist die Köchin Franziska Matzelsberger. Als Anna von dieser Liaison erfährt, beantragt sie 1880 die Auflösung der ehelichen Gemeinschaft. Danach lebt Alois mit Franziska im Konkubinat und schwängert sie. Sie bringt einen unehelichen Sohn namens Alois junior zur Welt. Nachdem 1883 seine Exfrau gestorben ist, heiratet Alois im Juli desselben Jahres seine erneut schwanger gewordene Konkubine, die einige Wochen später das Töchterchen Angela gebiert.

Auch Alois' zweite Ehe verläuft nicht glücklich. Die neue Frau leidet wie die erste unter seinen Amouren. Sie wird ebenso wie die erste Frau schwindsüchtig, verlässt das klimatisch schlechte Braunau und zieht aufs Land. Währenddessen macht Klara Pölzl, eine Nichte zweiten Grades, wieder den Haushalt, in dem sie bereits von 1876 bis 1880 tätig gewesen ist. Sie stammt aus der Ehe des Ziehvaters Tochter Johanna Hüttler mit dem Kleinbauern Johann Baptist Pölzl aus Spital.

Die schöne Klara ist nicht nur Hausengel, sondern

1. Familiäre Herkunft

wird auch Geliebte des Hausherrn. Als im Sommer 1884 Franziska Hitler stirbt, möchte Alois Klara so schnell wie möglich heiraten. Hierfür muss er eine kirchliche Sondererlaubnis beantragen:

Die in tiefster Ehrfurcht Gefertigten sind entschlossen, sich zu ehelichen. Es steht aber denselben laut beiliegendem Stammbuch das kanonische Hindernis der Seitenverwandtschaft im dritten Grad berührend den zweiten entgegen. Deshalb stellen dieselben die demütige Bitte, das Hochwürdige Ordinariat wollen ihnen gnädigst die Dispens erwirken, und zwar aus folgenden Gründen: Der Bräutigam ist laut Totenschein seit 10. August dieses Jahres Witwer und Vater von zwei unmündigen Kindern, eines Knaben von zweieinhalb Jahren (Alois) und eines Mädchens von zwei Monaten (Angela), für welche er notwendig einer Pflegerin bedarf, um so mehr, da er als Zollbeamter den ganzen Tag, oft auch nachts, vom Haus abwesend ist und daher die Erziehung und Pflege der Kinder nur wenig überwachen kann. Die Braut hat die Pflege der Kinder bereits nach dem Tod der Mutter übernommen und sind ihr selbe sehr zugetan, so dass sich mit Grund voraussetzen lässt, es würde die Erziehung derselben gedeihen und die Ehe eine glückliche werden. Überdies hat die Braut kein Vermögen und es dürfte ihr deshalb nicht so leicht eine andere Gelegenheit zu einer anständigen Verehelichung geboten werden.

Auf diese Bitte gestützt, wiederholen die Gefertigten ihre demütige Bitte um gnädige Erwirkung der Dispens vom genannten Hindernis der Verwandtschaft. [5]

Nachdem die Befreiung vom Ehehindernis erteilt ist, findet am 7. Januar 1885 die Trauung statt. Alois ist jetzt 48 Jahre alt, Klara 25.

1. Familiäre Herkunft

Adolf Hitlers Geburtshaus in Braunau am Inn

Klara beschreibt später dieses Ereignis mit traurigem Unterton:

Um 6 Uhr früh haben wir in der Stadtpfarrkirche von Braunau geheiratet, und um 7 Uhr ging mein Mann schon wieder in den Dienst.[6]

Es dauert einige Zeit, bis sich die junge Frau mit ihrer neuen Rolle identifiziert. Denn bei aller Intimität redet sie ihren Ehemann zunächst mit Onkel Alois an.

Vier Monate nach der Eheschließung kommt Gustav, Klaras erstes Kind, auf die Welt. Und binnen kurzer Zeit ist sie schon wieder schwanger. Im September 1886 wird die Tochter Ida geboren. Doch das junge Mutterglück währt nicht lange. Im Herbst 1887 erkrankt Gustav an Diphtherie, im Volksmund Rachenbräune genannt. Die Mutter ist zu diesem Zeitpunkt hochschwanger. Kaum ist der neugeborene Otto auf der Welt, stirbt er, von Gustav

1. Familiäre Herkunft

infiziert. Kurz nach seiner Beerdigung folgt ihm der Erstgeborene ins Grab. Und das Drama ist noch nicht zu Ende, denn bei Ida tritt die tödliche Infektion ebenfalls auf. Das Mädchen stirbt am 2. Januar 1888. Innerhalb weniger Monate muss Klara Hitler den Verlust dreier Kinder beklagen. Sie droht seelisch zu zerbrechen.

Vier Monate nach Idas Tod ist sie zum vierten Mal in anderen Umständen. Entgegen vieler Befürchtungen tut die seelische Belastung ihrer Schwangerschaft keinen Abbruch. Am 20. April 1889 bringt sie in Braunau, Salzburger Vorstadt Nr. 219, einen Jungen zur Welt. Geburtshelferin ist die Hebamme Franziska Pointecker.

Der Mutter fällt ein Stein vom Herzen, als sie erfährt, dass er gesund ist und überleben wird. Drei Tage nach diesem nicht gerade frühlingshaften Karsamstag, das Wetter ist kühl und bewölkt, wird das Kind vom Pfarrer Ignaz Probst auf den Namen Adolf getauft. Als Taufpaten werden genannt: *Johann und Johanna Print, Privat in Wien III, Löwengasse 28.*[7]

Später, in *Mein Kampf*, bezeichnet Adolf Hitler die Tatsache, in Braunau am Inn geboren worden zu sein, als *glückliche Bestimmung*[8]. Genau an der Grenze von zwei Völkern mit deutscher Sprache, deren Wiedervereinigung ihm zu seiner *Lebensaufgabe*[9] geworden sei.

Nach der Machtergreifung wird Braunau zum heiligen Geburtsort des Führers stilisiert, der in Form von Hymnen verehrt wird. Der bekannteste Lobgesang stammt von der Nazidichterin Alice Försterling:

> *In Braunau, da ist er geboren,*
> *Da trat er ins Leben ein,*
> *Er, der für die Heimat erkoren,*
> *Der unser Befreier sollt' sein.*

1. Familiäre Herkunft

Drum zieht es voll Sehnsucht mich hin
Nach Braunau, nach Braunau am Inn.
Du Braunau, Gott hat dich erlesen,
Durch dich wurde er uns geschenkt,
Hier wurde reindeutsches Wesen
In jungfrisches Herze gesenkt;
Drum Deutscher, lenk stets deinen Sinn
Nach Braunau, nach Braunau am Inn.[10]

2. Frühe Kindheit

„Er wurde vom frühen Morgen bis in die späte Nacht verwöhnt, und die Stiefkinder mussten sich endlose Geschichten anhören, wie wunderbar Adolf war."
(William Patrick Hitler)

Klara Hitler beobachtet besorgt die Entwicklung ihres Neugeborenen. Verständlich, wenn man binnen kurzer Zeit so viele Kinder verloren hat. Doch die Sorgen sind unberechtigt. Rosalia Hörl, das Hausmädchen der Hitlers, beschreibt den Säugling aus dem Rückblick als *sehr gesund und munter*[11] und bescheinigt ihm insgesamt ein ausgezeichnetes Gedeihen. Hierzu trägt die Mutter alles nur Mögliche bei. Sie stillt ihn recht lange und gibt ihm auch viel seelische Nahrung.

Aus dem ehemaligen Mutterleid ist Mutterglück geworden. Sie vergöttert, verhätschelt und verwöhnt den kleinen Adi, wie sie ihn liebevoll nennt. Er ist ihr Ein und Alles. Umgekehrt entwickelt der Kronprinz in dieser innigen Beziehung starke Liebesgefühle für seine Mutter. Sie währen bis zu seinem Tod. Ihr Bild hat er immer in seiner Brieftasche bei sich. Und ihr Porträt ist immer in seinem Arbeitszimmer präsent. Sehr wahrscheinlich war sie der einzige Mensch, den Adolf wirklich geliebt hat.

Klara Hitler kann sich die aufwändige Bemutterung leisten, da sie nicht nur vom Hausmädchen, sondern auch von ihrer Schwester Johanna, die bei den Hitlers wohnt, unterstützt wird. Die bucklige Ledige wird Hannitante genannt. Sie scheint nicht besonders intelligent und gilt als spinnert. Ihretwegen verlässt das Kindermädchen später den Hitler'schen Haushalt.

Die Stiefgeschwister Alois junior und Angela sind auf ihr kleines Halbbrüderchen eifersüchtig. Sie werden zwar physisch nicht vernachlässigt, erhalten aber nicht mehr die alte Zuneigung. Ihnen missfallen auch die Loblieder, die ihre Stiefmutter auf das Wunderkind Adolf singt. Alois junior versucht durch Störverhalten auf sich aufmerksam zu machen, was zur Folge hat, dass ihn der jähzornige Vater des Öfteren prügelt.

Den kleinen drolligen Adolf belässt der Vater in Mutters Obhut. Er ist froh, sich um ihn nicht kümmern zu müssen. Meist schläft Adolf schon, wenn der Vater spätabends nach Hause kommt. Der Zollamtsoffizial mit den graublauen Augen und dem blonden Kaiserbart geht nach dem Dienstende zu seinen Bienenstöcken, um dort Imkerarbeiten zu verrichten, was er leidenschaftlich gern tut. Den Heimweg unterbricht er dann meist, um sich im Wirtshaus einige Dämmerschoppen zu genehmigen und mit den Stammtischbrüdern zu politisieren. Nach dem späten Abendessen ist er so bettschwer, dass er rasch in den Schlaf versinkt. Vermutlich die Ursache dafür, warum Klara in den nächsten Jahren nicht schwanger wird. Klara ist wahrscheinlich froh darüber, dass der Patriarch sie in Ruhe lässt.

Im Jahre 1892 wird Alois Hitler zum Zollamtsoberoffizial befördert. Er ist sehr stolz darauf, da nur wenige Beamte mit Volksschulabschluss diesen Dienstrang erreichen. Er verdient jetzt so viel wie ein Bürgerschuldirektor. Zeitgleich mit der Beförderung wird er versetzt, weil es einen solchen Dienstposten in Braunau nicht gibt.

2. Frühe Kindheit

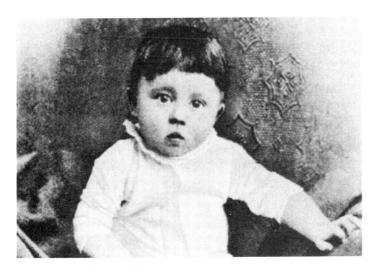

Adolf Hitler als Einjähriger

Sein neuer Dienstort ist Passau, denn das österreichische Zollhaus liegt auf der deutschen Seite der Staatsgrenze.

Die Familie verlässt das lieb gewordene Grenzstädtchen am Inn und zieht in die Dreiflüssestadt Passau. Adolf verkraftet den Umzug problemlos. Er lässt sich neugierig auf die neue Umgebung ein. Er spielt viel mit den Nachbarskindern und eignet sich im Kontakt mit ihnen den niederbayerischen Dialekt an, den er zeitlebens beibehält.

Besonderen Gefallen findet der sprachbegabte Junge daran, auf einen Hügel zu steigen und Reden an das ihn bewundernde Kindervolk zu halten.

Mitten in dieser unbeschwerten Zeit wird Adolfs Mutter wieder schwanger. Am 24.3.1894 bringt sie das Brüderchen Edmund zur Welt. Für den knapp fünfjährigen Adolf ist das ein bedeutsamer Einschnitt. Diese Geburt bringt seine Kinderseele durcheinander. Er muss die mütterliche Liebe mit Edmund teilen. In der Folgezeit

2. Frühe Kindheit

häufen sich Wutanfälle, durch die er sich die Zuwendung der Mutter erzwingt. Sie gibt nach, weil sie befürchtet, seine Zuneigung zu verlieren.

Kurz nach Edmunds Geburt ist die nächste Veränderung fällig. Alois Hitler wird erneut versetzt und zum Leiter der Zollabteilung der Finanzdirektion Linz ernannt. Damit die Entwicklung des Neugeborenen nicht beeinträchtigt wird, bleibt die Familie vorerst in Passau.

Aufgrund der weiten Entfernung kann Alois die Familie nur gelegentlich besuchen. Mit diesem Umstand hat niemand Probleme. Im Gegenteil, die Abwesenheit des Vaters wird als wohltuend empfunden. Sowohl Adolf als auch seine Stiefgeschwister nutzen die fehlende Grenzziehung weidlich aus.

Da Alois Hitler weiß, dass das Ende seiner Dienstlaufbahn naht, sucht er einen Ruhesitz, auf dem er seinen Lebensabend als Imker und Kleinlandwirt verbringen kann. Im Ortsteil Hafeld der oberösterreichischen Gemeinde Fischlham kauft er dem Straßenmeister Radlecker am 4. Februar 1895 ein 15 Morgen großes Gut ab. Im April zieht die Familie dort ein.

3. Volksschulzeit

„Das lächerlich leichte Lernen in der Schule gab mir so viel freie Zeit, dass mich mehr die Sonne als das Zimmer sah." (Adolf Hitler)

Die Familie Hitler ist gerade dabei, sich im Rauscher-Gut zu Hafeld einzurichten, da beginnt für Adolf ein neuer Lebensabschnitt. Er wird schulpflichtig. Am Mittwoch, den 2. Mai 1895, betritt er *an der Hand seiner zwölfjährigen Schwester Angela*[12], mit einem Matrosenanzügchen bekleidet, zum ersten Mal ein Schulgebäude. Es ist die kleine, einklassige Landvolksschule Fischlham, die vom Elternhaus etwa eine halbe Stunde entfernt liegt. Das Schulgebäude besteht aus einem Vorraum und einem 60 Quadratmeter großen Unterrichtsraum.

Der ABC-Schütze fügt sich in das Schulleben rasch ein. Das Erlernen der Kulturtechniken fällt ihm leicht und bereitet ihm Freude. Außerdem hält er seine Arbeitsmittel *in musterhafter Ordnung*[13].

Adolf steht bei den Lehrern in hohem Ansehen. Sie beschreiben ihn als besonders intelligent, wissbegierig, temperamentvoll und höflich. Er ist ein Musterschüler, der den Bauern- und Handwerkerkindern sprachlich-kulturell haushoch überlegen ist. Sein Lehrer Karl Mittermaier bezeichnet ihn als *etwas Besseres*[14].

Außerhalb des Schulhauses ergibt sich ein anderes Bild. Adolf tollt mit den Nachbarskindern herum und stellt gern Streiche an. Einer seiner Missetaten besteht darin, die Rechen des Nachbarn Pfarl in den Stegmühlbach zu werfen. Lausbübisch sieht er zu, wie sie von der starken Strömung rasch fortgetrieben werden.

Wenn Adolfs Streiche aufgedeckt werden, nimmt die Mutter ihn in Schutz und macht seinen älteren Stiefbruder Alois dafür verantwortlich. Sie vermeldet die Verletzung der geschwisterlichen Aufsichtspflicht dem Vater, worauf dieser Alois junior züchtigt – nicht selten mit der Nilpferdpeitsche. Solche Strafaktionen werden immer häufiger, da der Vater seit dem 25. Juni wesentlich öfter im Hause präsent ist. Sie erzeugen in Adolfs Halbbruder einen abgrundtiefen Hass, der 1896 schließlich zum Bruch mit dem Elternhaus führt. Alois kann das väterliche Terrorregime nicht mehr ertragen und zieht aus.

Jetzt gerät Adolf stärker ins Visier des Vaters. Der halst ihm häusliche Arbeiten auf und schimpft, wenn er diese nicht erwartungsgemäß erledigt. Bisweilen setzt es auch Schläge. Zusätzlich zu den daraus resultierenden Frustrationen ist eine neue hinzugekommen, und zwar in Gestalt seiner Schwester Paula, geboren am 21.1.1896. Schon wieder eine Konkurrenz um die knapper werdende mütterliche Liebe.

Während Adolfs zweitem Schuljahr beginnt der Vater am Sinn seines kleinbäuerlichen Lebens zu zweifeln. Möglicherweise überfordert ihn die landwirtschaftliche Arbeit. Vielleicht missfällt ihm die Abgeschiedenheit des Rauscher-Gutes. Aus welchem Motiv auch immer seine Sinnfrustration gespeist wird, er veräußert sein Anwesen und zieht im Frühsommer 1897 mit seiner Familie in die Markt Lambach. Dort wohnen die Hitlers zunächst für kurze Zeit im Gasthof Leingartner und da-

3. Volksschulzeit

Volksschule Fischlham – Adolf Hitlers erster Schulort

nach in einer geräumigen Mietwohnung. Diese befindet sich in einer großen Mühle, die dem Müller Zoebl gehört.

Die Volksschule Lambach, die im Gegensatz zur Fischlhamer Zwergschule vollorganisiert ist, nimmt ihn in die zweite Jahrgangsklasse auf, was einer freiwilligen Wiederholung gleichkommt. Offenbar misstraut man den Lernvoraussetzungen der Zwergschüler. Die Einstufung hat zur Konsequenz, dass Adolf der Lernstoff noch leichter als bisher zufliegt. Ohne sich anstrengen zu müssen, schreibt er sehr gute Noten. Ein Schlaraffenland. Nichts lernen müssen, aber dennoch Primus sein.

Dass Adolf nicht vollends zum Schlaraffen wird, verhindert sein Klassenlehrer Franz Rechberger. Dem fällt die gute Singstimme des Knaben auf. Er sorgt dafür, dass Adolf in den Sängerknabenchor der Lambacher Bene-

3. Volksschulzeit

diktinerabtei aufgenommen wird. In dem Kloster sieht übrigens der junge Hitler zum ersten Mal in seinem Leben das Hakenkreuz. Es ist *eingemeißelt in die Abteistiege im Stiftshof wie auch in dem restaurierten Abtwappen in der Sakristei*[15].

Adolf ist nun stolzer Sängerknabe. Er nimmt an den täglichen Chorproben teil und singt in den Gottesdiensten. Er berauscht sich am *feierlichen Prunke der kirchlichen Feste*[16]. Und er träumt davon, später einmal Abt zu werden. Zu Hause bereitet er sich auf dieses Amt vor, indem er auf einen Stuhl steigt und *feurige Predigten*[17] hält.

Während der Wintermonate 1897/98 wohnt der achtjährige Adolf sogar im Sängerknabeninternat des Stifts. In ihm ist die dritte Volksschulklasse, die er momentan besucht, wegen Raumnot untergebracht. Grund der Internatsunterbringung ist der winters beschwerliche Fußweg von der Wohnung zur Schule.

Während der Internatszeit erhält er beim Chorleiter Bernhard Grüner auch Geigenunterricht. Der wird ihm allerdings bald vergällt, da der Pater ihn immer wieder mit dem Fidelbogen schlägt. Bei diesen Strafaktionen gehen mehrere Bögen zu Bruch.

Auch wenn das Singen viel Zeit in Anspruch nimmt, kommt Adolfs ungebundenes Freizeitleben nicht zu kurz. Hierfür bieten die Mühle und ihre Umgebung reichlich Gelegenheit. Er inszeniert Indianerspiele, ärgert die Nachbarn und klaut Obst. Meist hat er dabei die Rolle des Anführers und Anstifters inne. Auffallend ist auch seine Unerschrockenheit. So zum Beispiel, als er einen Sautrog in ein Schiff umfunktioniert und damit über das brausende Wehr des Mühlbachs fährt.

3. Volksschulzeit

Adolf Hitlers Sängerknabenschule – Benediktinerabtei Lambach

Adolfs Mutter kapituliert vor dem jungen Wilden: *So'n Lausbub, nie kommt er heim, immer ist er dabei.*[18] Und der strenge Vater kann das Treiben des Sohnes ebenfalls nicht stoppen. Tat, Bestrafung, Wiederholungstat.

Auch die Lambacher Zeit währt nur kurz. Denn für den Vater ist das Wohnen in der Marktgemeinde nur ein Zwischenaufenthalt. Er möchte wieder Wohneigentum erwerben und findet es schließlich in Leonding bei Linz. Es ist ein einstöckiges Haus in Friedhofsnähe mit einem großen Obstgarten. Nach Leonding zieht die Familie am 23. Februar 1898.

Adolf setzt in der Leondinger Volksschule, die nur fünf Minuten vom Hitler'schen Haus entfernt ist, seine erfolgreiche Schulkarriere fort. Mit geringem Lernaufwand heimst er einen Einser nach dem anderen ein. Selbst die Sittennote ist eine Sehr gut. Die Lehrer sind

3. Volksschulzeit

besonders begeistert von Adolfs geografischen und geschichtlichen Kenntnissen. In diesen Wissensgebieten kenne er sich besser aus als mancher Lehrer.

Die Mitschüler bewundern den Überflieger. Er erzielt exzellente Schulleistungen, ohne pauken zu müssen. Er kann toll zeichnen. Er besticht durch sein rednerisches Talent. Und er versteht es vortrefflich, der Klasse zu sagen, wo es langgeht.

Auf einem Klassenfoto kommt seine herausragende Stellung in der Klassenhierarchie zum Ausdruck. Er hat sich in der Mitte der obersten Reihe aufgestellt, vor Selbstbewusstsein strotzend, beinahe majestätisch dreinblickend.

In Leonding erwacht auch die Leselust des Klassenprimus. Auslöser ist die zweibändige illustrierte Volksausgabe *Der Deutsch-Französische Krieg*. Die Lektüre fesselt ihn, sie wird *zum größten inneren Erlebnis*[19]. Er begeistert sich für den Krieg und das Soldatentum.

Als im Verlauf des Jahres 1899 der Burenkrieg ausbricht, nimmt er daran glühenden Anteil. Er wartet jeden Morgen auf die Zeitung und liest alles, was über den Kampf der weißen Südafrikaner gegen die Briten berichtet wird.

Es erfüllt ihn mit allergrößter Freude, Zeuge dieser Auseinandersetzung zwischen David und Goliath zu sein. Selbstverständlich schlägt sein Herz für die Buren.

Was Adolf liest, setzt er gern in die Tat um. Mit martialischer Lust spielt er mit seinen Kameraden Kriegsszenen nach. Dabei muss alles nach seinem Regiebuch verlaufen. Später äußert sich ein Mitspieler, der Abt Balduin von Wilhering, über die Hitler'schen Kriegsspiele nicht besonders begeistert: *Kriegspielen, immer nur krieg-*

3. Volksschulzeit

Das Elternhaus in Leonding

spielen, uns Buben wurde das schon langweilig, aber er fand immer wieder einige, insbesondere jüngere, die mittaten.[20]

Als Kriegsspielplatz fungiert oft der Kirabühel, ein Ausläufer des Kürnberger Waldes. Dort liefern sich Adolf und seine Kameraden heftige Gefechte. An einem Kriegstag zünden die kleinen Soldaten ein Lagerfeuer an, dessen Funken ins nahe Dickicht fliegen und einen Waldbrand entfachen. Bevor die Linzer Feuerwehr anrückt, können die Zündler unerkannt entkommen.

Manchmal verliert sich Adolf dermaßen in seinen Freizeitaktivitäten, dass er elterliche Aufträge vergisst. So zum Beispiel, als ihn der Vater zum Tabakholen fortschickt, der Sohnemann unterwegs jedoch in ein Abenteuerspiel abtaucht. Extrem verspätet kehrt er zurück, was deftige Prügel zur Folge hat.

Als der Vater ihn wegen eines ähnlichen Vergehens im Dachzimmer einschließt, versucht Adolf durch das

3. Volksschulzeit

Der Viertklässler Adolf Hitler

enge Dachfenster auszusteigen, was ihm zunächst misslingt. Daraufhin zieht er sich splitternackt aus, um durchschlüpfen zu können. Plötzlich hört er den Vater, der den Ausstiegsversuch mitbekommen hat, die Treppe emporsteigen. Schnell bedeckt er sich notdürftig mit einem Tischtuch. Als der Vater das Zimmer betritt, bricht dieser in heftiges Lachen aus. Er ruft seine Frau herbei und tituliert Adolf spöttisch als *Togajüngling*[21]. Dieser Spott liegt ihm schwer auf der Seele. Er empfindet die Verhöhnung schlimmer als eine körperliche Bestrafung. Es braucht einige Zeit, bis die Seelenpein einigermaßen überwunden ist.

Schmerzhaft und folgenreich ist auch ein Bubenstreich, in dem Adolf die Hauptrolle spielt. Im Übermut

3. Volksschulzeit

wettet er mit seinen Kameraden, dass er einem Ziegenbock ins Maul pinkeln kann.

Die Buben finden eine Wiese, auf der sich ein Ziegenbock aufhält. Sein Schulkamerad Eugen Wasner hält den Ziegenbock fest. Ein anderer Junge sperrt ihm mit einem Stock das Maul auf. Adolf öffnet seinen Hosenladen und beginnt dem Bock ins Maul zu pinkeln. Plötzlich zieht der Freund den Stock aus dem Maul, worauf der Bock Adolf in den Penis beißt. Dieser verspürt einen furchtbaren Schmerz, schreit und rennt heulend nach Hause.

Mehr als vier Jahrzehnte später wird dieses Ereignis Eugen Wasner zum Verhängnis. Er erzählt die Ziegenbock-Geschichte seinen Kriegskameraden an der Mittelfront in Russland, wobei auch folgende Worte fallen:

Ach, der Adolf! Der ist ja deppert schon von klein auf, wo ihm doch ein Ziegenbock den halben Zippedäus abgebissen hat![22]

Die Geschichte macht sofort die Runde und kommt der Militärjustiz zu Ohren. Der Erzähler wird verhaftet und wegen heimtückischer Beleidigung und Verleumdung kurze Zeit später zum Tode verurteilt und hingerichtet.

Im letzten Quartal des Schuljahres 1899/1900 kommt über Adolf und seine Familie schlimmes Unheil. Am Beginn des Jahres 1900 erkrankt Bruder Edmund an Masern. Die Infektion ist so stark, dass er am 2. Februar daran stirbt. Von den sechs Kindern, die Klara Hitler zur Welt gebracht hat, leben gerade noch zwei.

Adolf ist jetzt derjenige, auf dem alle Hoffnung ruht. Der Vater erwartet von ihm, dass er sich auf den steilen Weg des sozialen Aufstiegs begibt, einen höheren

3. Volksschulzeit

Bildungsabschluss erwirbt und Beamter wird. Letzteres lehnt der Sohnemann innerlich ab, zeigt aber keine Widerstände, als der Vater ihn an der Staats-Realschule Linz anmeldet. Der Schulwechsel ist für ihn deshalb akzeptabel, weil im künftigen Stundenplan zeichnerisch-künstlerische Inhalte ganz gut vertreten sind.

Nach dem ersten Drittel des fünften Volkschuljahres endet die erfolgreiche Leondinger Schulzeit. Gespannt sehen die Eltern Adolfs schulischer Zukunft entgegen.

4. Realschulzeit

„Der minimale Aufwand, mit dem Adolf Hitler die Anforderungen der Volksschule gemeistert hatte, genügte nicht mehr."
(Ian Kershaw)

Am 17. September 1900 begibt sich Adolf zum ersten Mal auf den Schulweg zur Staatsrealschule Linz, ein graues Gebäude mit fünf Stockwerken. Sie liegt in der Steingasse. Geleitet wird sie von Direktor Hans Commenda.

Die neue Schule ist vom Elternhaus in Leonding sechs Kilometer weit entfernt. Adolf muss die Wegstrecke zu Fuß bewältigen. Konkret heißt dies: eine Stunde Hinweg und eine Stunde Rückweg. Bei schlechtem Wetter darf er die Bahn benutzen.

Eine neue Schullaufbahn liegt vor dem jungen Hitler. Sie umfasst vier Jahre Unterrealschule und drei Jahre Oberrealschule. Die Stundentafel der Unterrealschule sieht folgendermaßen aus:

Religionslehre	2 Wochenstunden
Deutsche Sprache	4 Wochenstunden
Französische Sprache	5 Wochenstunden
Geographie	2 Wochenstunden
Geschichte (ab Kl. 2)	2 Wochenstunden
Mathematik	3 Wochenstunden
Geometrisches Zeichnen	2 Wochenstunden
Freihandzeichnen	4 Wochenstunden

4. Realschulzeit

Naturgeschichte	2 Wochenstunden
Physik (ab Kl. 3)	2 Wochenstunden
Turnen	2 Wochenstunden

Ganz wohl ist es Adolf beim Blick auf die Anforderungen der neuen Schulart nicht, aber es beruhigt ihn, dass in größerem Maße Zeichenunterricht erteilt wird. Denn dieses Fach liebt er sehr.

Schon nach wenigen Tagen in der Klasse 1b fällt auf, dass der Wechsel von der vertrauten, überschaubaren Leondinger Volksschule zur Realschule dem Schulneuling Probleme bereitet. Es herrscht das Fachlehrerprinzip. Es werden wesentlich mehr Hausaufgaben aufgegeben. Die Klassenkameraden sind Adolf fremd. Sie kennen sich aus der Volksschule oder aus der Freizeit. Hinzu kommt, dass sie sich als Städter fühlen und auf den Leondinger Dorfbuben zunächst hochnäsig herabblicken.

Nach einigen Monaten ist aus dem Einser-Schüler ein Problemschüler geworden. Er kommt seinen Lernpflichten nicht nach. Er zeigt deutliche Aversionen gegen die Fächer Mathematik und Naturgeschichte. Auf Klassenarbeiten bereitet er sich nur spärlich oder gar nicht vor. Strategisches Lernen ist ihm zuwider.

Was Adolf momentan wirklich interessiert und motiviert, ist Karl May. Dessen Bücher wecken in ihm eine unersättliche Leselust. Er verschlingt einen Karl-May-Schmöker nach dem anderen – *bei Kerzenlicht, mit einer großen Lupe bei Mondlicht*[23] und während mancher Unterrichtsstunde unter der Bank. Die Lehrer bezeichnen ihn als lesesüchtig.

Wie schon in seiner Leondinger Schulzeit wiederholt er das Gelesene im Spiel, besonders gerne auf den Do-

4. Realschulzeit

Adolf Hitlers Realschule in Linz

nauwiesen nach dem Unterrichtsende. Dort werden unter seiner Führung Kampfszenen aufgeführt. Die Spielkameraden beneiden ihn, weil er ein Bowiemesser und eine Tomahawk besitzt.

Adolfs Lernfaulheit und Misserfolge rufen elterliche

4. Realschulzeit

Reaktionen hervor. Während ihn die Mutter durch Ermahnung, Ermutigung oder dem In-Aussicht-Stellen von Belohungen zu motivieren versucht, wendet der Vater sehr strenge Erziehungsmittel an. Hierzu gehören vor allem Prügel. Um diese künftig nicht mehr ertragen zu müssen, beschließt Adolf eines Tages, das Elternhaus zu verlassen. Zu diesem Zweck baut er ein Floß, mit dem er donauabwärts flüchten möchte. Sein Fluchtplan kommt ans Tageslicht, worauf ihn der Vater so brutal verschlägt, dass er befürchtet, ihn getötet zu haben.

Auch noch so drakonische Maßnahmen nützen nichts. Adolf widersetzt sich der Autorität des Vaters. Er lernt kein Jota mehr. Aus seiner Lernunlust wird eine trotzige Faulheit, die den Vater regelmäßig zur Weißglut bringt. Sein Ziel, aus Adolf einen höheren Staatsbeamten zu machen, scheint ernsthaft gefährdet.

Trotz seines oppositionellen Verhaltens erlauben ihm die Eltern im Frühjahr 1901, endlich einmal ins Linzer Landestheater gehen zu dürfen. Dort wird gerade Schillers Drama *Wilhelm Tell* aufgeführt und bald danach Richard Wagners romantische Oper *Lohengrin*. Das musikalische Bühnenstück versetzt ihn in eine glühende Begeisterung. Es ist die Geburtsstunde seiner Opernleidenschaft und seiner Wagner-Verehrung, für die er im Rückblick sakrale Worte findet:

Für mich ist Wagner etwas Göttliches, seine Musik ist meine Religion. Ich gehe zu seinen Konzerten wie andere in die Kirche.[24]

Am letzten Schultag werden die Befürchtungen der Eltern wahr. Adolf erhält in Mathematik und Naturgeschichte eine Fünf. Er bleibt sitzen und muss die Klasse

4. Realschulzeit

Adolf Hitler in der ersten Realschulklasse

wiederholen. Außerdem tadelt ihn die Notenkonferenz wegen seiner Faulheit.

Im September 1901 startet Adolf zum zweiten Mal

4. Realschulzeit

in das erste Jahr der Realschule. Klassenvorstand ist Dr. Ernst Huemer, der die Fächer Deutsch und Französisch unterrichtet. Diesmal läuft es deutlich besser. Jetzt entspricht er in allen Fächern den Erwartungen der Lehrer und Eltern. Und sogar die Lernmotivation wird diesmal positiver bewertet, und zwar mit *sehr befriedigend*.

Alois und Klara Hitler sind erleichtert. Sie hoffen, dass die schulische Genesung ihres Sohnes anhält. Dies wünschen sich auch die Lehrer, die Adolf trotz seines Misserfolgs im ersten Realschuljahr für recht begabt halten.

Als der Frühherbst Einzug hält, beginnt das Schuljahr 1902/03. Klassenvorstand der 2a ist auch diesmal Dr. Huemer. Leider registrieren sowohl er als auch einige Kollegen schon nach wenigen Wochen Adolfs Rückfall in die alte Lernproblematik. Insbesondere in jenen Fächern, in denen man nicht nur etwas begreifen, sondern auch üben muss, um akzeptable Leistungen zu erzielen.

Zu einem besonderen Problemfach wird wieder die Mathematik, die vom Lehrer Drasch unterrichtet wird. Adolf kapiert zwar die Lösungsverfahren, hat aber keine Lust, die für ihn trockene Materie übend zu verinnerlichen. Er entwickelt eine Mathe-Allergie.

Völlig anders ist seine Einstellung zum Fach Geschichte, das in diesem Schuljahr zum ersten Mal auf dem Stundenplan steht. Geschichtslehrer ist der deutschnational gesinnte Dr. Leopold Poetsch, der die Klasse bereits seit einem Schuljahr in Geografie unterrichtet. Adolf ist von ihm und seinem Geschichtsstunden, in deren Mittelpunkt immer wieder die Germanenzeit steht, hellauf begeistert. Sein Interesse für die deutschen Heldensagen erwacht. Er leiht sich in der Schulbi-

4. Realschulzeit

bliothek, die von seinem Lieblingslehrer verwaltet wird, Sagenbücher aus.

Adolf empfindet es auch als besondere Wertschätzung, von Dr. Poetsch den Kartendienst im Fach Geografie anvertraut zu bekommen. Pflichtbewusst versieht er dieses Amt.

Die Begeisterung, die Adolf in Dr. Poetschs Unterrichtsstunden verspürt, springt leider nicht auf die anderen Lernfächer über. Dort kehrt der Schlendrian zu alter Macht zurück. Mit der Folge, dass der Vater-Sohn-Konflikt wieder aufflammt. Alois Hitler will Adolf zum regelmäßigen Lernen bewegen. Zunächst versucht er es mit körperlicher Züchtigung. Doch die wirkten immer weniger, da sich Adolf dagegen gezielt immunisiert. Wenn der Vater draufhaut, verbirgt er seine Schmerzen und zählt die Schläge still mit. Einmal bricht der Vater nach 32 Schlägen die Tortur erschöpft ab.

Des Schlagens müde probiert der Vater ein anderes Erziehungsmittel. Nun hält er Adolf die Zukunftsvision vom höheren Staatsbeamten vor Augen. Er hofft, dass dieses Ziel auf seinen Sohn Zugkraft ausübt. Eines Tages nimmt er ihn sogar ins Linzer Zollamt mit, um ihm die Vision schmackhaft zu machen. Das Gegenteil ist die Folge. Aus dem Besuch resultiert eine Aversion:

Ich wollte nicht Beamter werden. Weder Zureden noch „ernste" Vorstellungen vermochten an diesem Widerstande etwas zu ändern. Ich wollte nicht Beamter werden, nein und nochmals nein. Alle Versuche, mir durch Schilderungen aus des Vaters eigenem Leben Liebe oder Lust zu diesem Berufe erwecken zu wollen schlugen in das Gegenteil um. Mir wurde gähnend übel bei dem Gedanken, als unfreier Mann einst in einem Büro sitzen zu

4. Realschulzeit

dürfen; nicht Herr sein zu können der eigenen Zeit, sondern in auszufüllende Formulare den Inhalt eines ganzen Lebens zwängen zu müssen.[25]

Starrsinnig bekräftigt Adolf seine Ambition, später einmal Künstler werden zu wollen. Er lehnt die ihm vom Vater aufgezwungene Identität ab. Die Mutter findet dies gut, bewundert seine Bilder und glaubt an seine künstlerische Begabung.

Der Machtkonflikt mit dem verbitterten Vater ist in den Weihnachtsferien plötzlich zu Ende. Am 3. Januar 1903 geht Alois Hitler wie immer zum Frühschoppen ins Leondinger Gasthaus Wiesinger. Nach dem ersten Schluck Wein bricht er zusammen und wird ohnmächtig. Man trägt ihn ins Nebenzimmer. Als ein Arzt und ein Priester dort ankommen, ist er bereits tot. Die Familie ist schockiert, Adolf bricht an der Bahre in Tränen aus. Am 5. Januar findet die Beerdigung statt. Ein paar Tage später erscheint in der Linzer Tagespost ein Nachruf, der vom verstorbenen Zollamtsoberoffizial ein sehr positives Lebensbild zeichnet. Es weicht in starkem Maße von dem ab, wie ihn Adolf später beschrieben hat:

Meinen Vater habe ich nicht geliebt, dafür aber um so mehr gefürchtet. Er war jähzornig und schlug sofort zu. Meine Mutter hatte dann immer Angst um mich.[26]

Die Trauer wirkt in Adolfs Seele nicht lange nach. In sein Inneres kehrt Erleichterung ein. Der Familientyrann kann ihm nun nicht mehr schaden – weder seelisch noch körperlich.

Dem Halbwaisen wird jetzt gewahr, dass er das einzige männliche Familienmitglied ist. Ebenso wird ihm und den anderen bewusst, dass das Familieneinkommen merkbar schrumpfen wird. Es steht nur noch die Hälf-

4. Realschulzeit

te der väterlichen Ruhestandsbezüge zur Verfügung. Das sind 1210 Kronen im Jahr. Außerdem zahlt der Staat noch eine zusätzliche jährliche Unterstützung in Höhe von 240 Kronen für jedes Kind.

Der Tod des Vaters hat darüber hinaus zur Folge, dass Adolfs Lernmotivation noch stärker schwächelt als im ersten Schulhalbjahr. Es fehlt nun die Person, die durch Druck noch ein Mindestmaß an Lernbereitschaft erzeugt hat. Hierzu ist die Mutter nicht in der Lage. Sie ist zu gutmütig und nachgiebig. Um das Lernproblem zu lösen, meldet sie Adolf in einem Linzer Schülerheim an, das von Frau Sekira geleitet wird. Dort wohnt er während der Schultage. Die Internatsunterbringung verhindert zwar, dass Adolf weiter abfällt, andererseits macht die neue Umgebung aus ihm keinen fleißigen Schüler. Er tut nur das Allernötigste und verbringt den Großteil der Zeit mit Lesen, Zeichnen, Herumalbern und Internatsstreichen. Letztere plant und verrichtet er zusammen mit den Freunden Fritz Seidl und Fritz Lauböck sowie den Brüdern Haudum.

Am Schuljahresende bekommt Adolf seine Quittung. Zum einen erteilt ihm die Notenkonferenz wegen seiner Faulheit erneut einen Tadel. Zum anderen wird er wegen einer Fünf in Mathematik vorerst nicht versetzt, sondern muss sich am Schuljahresbeginn einer Wiederholungsprüfung unterziehen. Klara Hitler macht daraus kein Drama. Sie ist zwar enttäuscht, hofft aber, dass Adolf die Scharte im September wieder auswetzt.

Trotz Adolfs Mathematik-Versagens freuen sich alle auf die Familienferien in Spital im Waldviertel. Dort logieren die Sommerfrischler auf dem Bauernhof, der

4. Realschulzeit

Klaras Schwager Anton Schmidt und ihrer Schwester Theresia gehört.

Adolf genießt das Landleben auf seine Art. Auf dem Hof mit anzupacken, dazu hat er keine Lust, aber er liest viel, zeichnet und spielt mit den Schmidt'schen Kindern. Ab und an necken sie Adolf, indem sie Steinchen ans Fenster werfen, wenn er sich in seinem Zimmer aufhält.

Nachdem die Hitlers aus dem Sommerurlaub zurückgekehrt sind, findet ein besonderes Familienereignis statt. Adolfs ältere Stiefschwester, die aus der zweiten Ehe seines Vaters stammt, tritt den Gang zum Traualtar an. Am 14. September heiratet sie den 23-jährigen Steuerbeamten Leo Raubal, den Adolf gänzlich unsympathisch findet. Ihn stört dessen Trinklust, und es ärgert ihn, dass der Schwager seine künstlerischen Ambitionen ins Lächerliche zieht.

Nachdem das Hochzeitsfest zu Ende ist, wenden sich sorgenvolle Blicke auf Adolf. Er muss die Wiederholungsprüfung in Mathematik absolvieren. Alle sind sichtlich erleichtert, als er das positive Ergebnis vermeldet. Er darf nun in die dritte Realschulklasse vorrücken.

Das Schuljahr 1903/04 startet so, wie das letzte zu Ende gegangen ist. Adolf zieht keine Lehren aus seinen Lernfehlern. Bald schon wirkt sich seine chronische Faulheit wieder in Form von schlechten Noten aus, diesmal vor allem in Französisch, das erneut vom Klassenvorstand Dr. Huemer unterrichtet wird. Adolf mag dieses Fach partout nicht. Es ist für ihn *völlige Zeitverschwendung*[27]. Weder Dr. Huemer noch die Mutter schaffen es, Adolf zur Änderung dieser Anti-Haltung zu motivieren.

Auffallend ist inzwischen auch der Wandel vom Außenseiter, der er am Beginn der Realschule einmal gewe-

4. Realschulzeit

sen ist, zum Gruppenführer. Sein Klassenkamerad Josef Keplinger bringt Adolfs Position in der Klassenhierarchie auf folgenden Nenner:

Hitler hatte die Führung der Klasse. Hitler gab den Ton an. Mit finsterem Blick und einem verachtenden ‚Du Memme, du!' strafte er Feiglinge und fühlte sich verpflichtet, dem Schwächeren in Raufereien zu helfen.[28]

Sehr zu wünschen übrig lässt in diesem Schuljahr auch Adolfs Disziplinverhalten. Es bereitet ihm viel Vergnügen, Lehrer zu reizen und zu verhohnepipeln. So macht er sich einen Spaß daraus, mit einem Spiegel Lehrer zu blenden. Als er eines Tages seiner Täterschaft überführt wird, erhält er einen Klassenbucheintrag in Reimform:

Hitler ist ein Bösewicht, er spiegelt mit dem Sonnenlicht.[29]

Diesen Reim finden die Klassenkameraden so lustig, dass sie ihn laut skandieren, als derselbe Lehrer am Beginn seiner nächsten Unterrichtsstunde das Klassenzimmer betritt.

Im Mai setzt er Maikäfer gezielt zur Sabotage des Unterrichts ein. Wenn diese die Lufthoheit über das Klassenzimmer gewinnen, beschwert er sich bei den Lehrern über die Störenfriede.

Bevorzugtes Objekt von Adolfs Aggressionen wird der durchsetzungsschwache Religionslehrer Franz Sales Schwarz. Besonders in Rage bringt er den Priester, als er eine Spottlegende über die unbefleckte Empfängnis Marias verfasst, diese vervielfältigt und in der Schule zirkulieren lässt. Folge dieses Delikts ist, dass gegen Adolf eine Karzerstrafe verhängt wird.

Franz Sales Schwarz lässt sich von Adolf auch politisch provozieren. Adolf weiß nämlich, dass der Religionslehrer mit dem Habsburgerstaat voll identifiziert ist und den Anschluss Österreichs an das Deutsche Reich strikt ablehnt. Folglich ärgert er ihn, indem er deutschnationale Sprüche von sich gibt, Farbstifte in der Reihenfolge schwarz-rot-gold auf seinem Pult positioniert oder ihm Marken des deutschnationalen Schulvereins heimlich auf den Rücken klebt.

Franz Sales Schwarz trägt dazu bei, dass sich Adolfs antireligiöse Einstellungen verstärken. Naiv fragt er den jungen Hitler: *Und betest Du des morgens und mittags und abends?*[30] Dieser antwortet frech:

Nein, Herr Professor, ich bete nicht, ich glaube nicht, dass der liebe Gott ein Interesse dran hat, ob ein Realschüler betet![31]

Aus dem Lambacher Sängerknaben, der einst Abt werden wollte, ist ein Ungläubiger geworden. In der Rückschau merkt er hierzu an:

Mit dreizehn, vierzehn, fünfzehn Jahren habe ich nichts mehr geglaubt, auch von meinen Kameraden hat doch keiner mehr an die sogenannte Kommunion geglaubt, das waren nur ein paar ganz blöde Vorzugsschüler! Nur war ich damals der Meinung, es müsse alles in die Luft gesprengt werden![32]

Offen propagiert er im Unterricht die Evolutionstheorie und bringt zum Beweis ein Buch von Charles Darwin mit. Der Schulleiter erfährt davon und fordert die Mutter ultimativ auf, das Lesen solch religionsfeindlicher Werke zu unterbinden. Andernfalls werde Adolf von der Schule verwiesen.

Dessen ungeachtet lässt sich der junge Freidenker taktisch und eigennützig auf die Firmung ein, die am 22. Mai 1904 im Linzer Dom stattfindet. Firmpate ist

4. Realschulzeit

Emanuel Lugert, ein ehemaliger Arbeitskollege seines verstorbenen Vaters. Als Firmgeschenk überreicht er Adolf ein Gebetbuch und ein Sparbuch mit Einlage. Im Verlauf des des Firmtages gelangt der Firmpate zur Einsicht, dass Adolf das Fest *zuwider*[33] ist.

Zu Adolfs pubertärem Gebaren gehört in diesem Schuljahr auch eine verstärkte sexuelle Neugier. Er geht gern dorthin, wo auf Hinweisschildern *Nur für Erwachsene* steht. Eines Abends treibt ihn sein Trieb zu einer Wohltätigkeitsvorstellung in einem Filmtheater am Linzer Südbahnhof, wo zweideutige Filme gezeigt werden. Da trifft er plötzlich auf seinen Lehrer Sixtl, der zu ihm spöttisch sagt: *Sie spenden wohl auch fürs Rote Kreuz!*[34] Verlegen antwortet Adolf: *Ja, Herr Professor.*[35]

Niemanden überrascht es, als am Schuljahresende im Zeugnis steht, dass Adolf wiederum vorerst durchgefallen ist. Hauptursache ist eine Fünf in Französisch. Auch diesmal ist eine Versetzung in die nächst höhere Klasse nur möglich, wenn er im September die Wiederholungsprüfung besteht. Adolf ist sich dessen sicher, wodurch sich die Mutter auch diesmal beruhigen lässt. Der Zeugnisärger ist vergessen, als die Familie wie jedes Jahr in den Sommerurlaub nach Spital fährt.

Die Wiederholungsprüfung wird nicht von seinem Französischlehrer Dr. Huemer durchgeführt, weil dieser auf einer Studienreise in Frankreich weilt. Prüfer ist dessen Kollege Dr. Groag. Mit Ach und Krach kommt Adolf durch, muss sich jedoch verpflichten, an eine andere Realschule zu wechseln. Offensichtlich möchte man den Problemschüler loswerden. Da es in Linz keine weitere Realschule gibt, gestaltet sich die Suche als schwierig. Fündig werden die Hitlers im 40 km entfernten Steyr.

4. Realschulzeit

Dort nimmt ihn Direktor Alois Lebeda in die vierte Klasse der Staats-Realschule am Michaeliterplatz auf.

Der Wechsel nach Steyr hat unweigerlich zur Folge, dass für Adolf eine Unterkunft gefunden werden muss. Die Suche ist auch bald erfolgreich. Bei der Familie Cichini am Grünmarkt 19, deren Oberhaupt Gerichtsbeamter ist, darf er wohnen und essen. Später, nach dem Anschluss Österreichs ans Deutsche Reich, wird der Grünmarkt in Adolf-Hitler-Platz umbenannt.

Adolf fühlt sich in Steyr ganz und gar nicht wohl. Er wird in dieser Stadt nicht heimisch, ja er hat Heimweh. Dem depressiven jungen Mann fehlen die Mutter und die bisher gewohnte Umgebung. Nur am Wochenende ist er für kurze Zeit in Leonding.

In seiner neuen Klasse, die schon seit mehreren Jahren zusammen ist, findet Adolf keinen richtigen Anschluss. Er ist Außenseiter und wirkt verschlossen.

Ab und an versucht er durch provokatives Störverhalten auf sich aufmerksam zu machen. So zum Beispiel, als ihn der Französisch-Lehrer König, der wegen eines Sprachfehlers das H nicht aussprechen kann, in einer Unterrichtsstunde aufruft und Adolf darauf nicht reagiert. Danach gefragt, warum er sich verweigert, antwortet der Opponent:

Ich heiße nicht Itler, ich heiße Hitler, Herr Professor![36]

Die Zeit außerhalb des Unterrichts verbringt Adolf meist in seinem Zimmer am Grünmarkt, wo er schmökert, zeichnet oder mit einem Flobert-Gewehr vom Fenster aus auf Ratten schießt.

Obwohl Adolf viel Zeit zur Verfügung steht, nutzt er sie nur spärlich zum Lernen. Er bleibt seinem alten

4. Realschulzeit

Schlendrian treu. An manchen Tagen ist ihm das Lernen dermaßen zuwider, dass er die Schule schwänzt.

Recht bald gerät er wieder in ein Leistungstief. Und auch diesmal schafft es niemand, ihn zu einem regelmäßigen Lerneinsatz zu bewegen. Im Februar erhält er ein Halbjahreszeugnis[37], das die Alarmglocken erklingen lässt:

Betragen	3
Fleiß	4
Religion	4
Deutsch	5
Französisch	5
Geographie und Geschichte	4
Mathematik	5
Chemie	4
Physik	3
Geometrisches Zeichnen	4
Freihandzeichnen	2
Turnen	1
Stenographie	5

Als ungerecht empfindet er die Deutsch-Note. Noch Jahrzehnte später gerät er über den Deutschlehrer, es war der Jude Robert Siegfried Nagel, in Rage:

Dieser Idiot von Professor hat mir die deutsche Sprache verekelt, dieser Stümper, dieser kleine Knirps: Ich würde nie richtig einen Brief schreiben können! Stellen Sie sich das vor! Mit einem Fünfer, ausgestellt von diesem Trottel, hätte ich nie Techniker werden können.[38]

Adolf wird dermaßen vom Zeugnisfrust befallen, dass er ihn bei der Halbjahresabschlussfeier in einer Wirtschaft mit Alkohol zu bewältigen versucht. Aufgrund

4. Realschulzeit

seines hohen Promillegrades schafft er den Nachhauseweg nicht, sondern schläft unterwegs am Straßenrand ein. Dort rüttelt ihn frühmorgens eine Milchfrau wach. Mühsam schleppt er sich zur Wohnung am Grünmarkt, wo ihn die Quartiersfrau mit einem starken Kaffee versorgt. Plötzlich bemerkt er, dass sich sein Zeugnis nicht mehr in seiner Jackentasche befindet. Schweren Herzens beschließt er, im Schulsekretariat ein Duplikat zu beantragen, da er das Zeugnis seiner Mutter vorzeigen muss.

In der Zwischenzeit ist das aus vier Teilen bestehende Zeugnis von einem Finder in der Schule abgegeben worden. Es ist mit Kot verschmiert. Adolf hat es offensichtlich mit Klosettpapier verwechselt. Der Übeltäter wird ins Zimmer des Schulleiters gebeten. Was dort geschieht, schildert er später:

Es war niederschmetternd. Was der Rektor gesagt hat, kann ich gar nicht erzählen. Es war furchtbar. Ich habe einen heiligen Schwur getan, in meinem Leben nie mehr zu trinken. Ich habe das Duplikat bekommen. Ach, ich habe mich so geniert! ... Dann bin ich fröhlichen Herzens heim, ganz fröhlich auch nicht, weil das Zeugnis nicht ganz so wunderbar ausgesehen hat.[39]

Adolf nimmt sich vor, in der zweiten Schuljahreshälfte mehr für die Schule zu tun, um das Klassenziel zu erreichen. Obwohl er sich nicht vom Saulus zum Paulus wandelt, lernt er nun tatsächlich mehr und erzielt bessere Noten. In Deutsch, Französisch und Mathematik gelingt es ihm, von den Fünfen wegzukommen. Dass er in Deutsch mehr drauf hat, als in der Halbjahresnote zum Ausdruck gekommen ist, lässt sich auch aus Versen ersehen, die er in seiner Freizeit gerne schmiedet. So schreibt

4. Realschulzeit

er in ein Gästebuch des Gasthauses Schoiber folgendes Gedicht[40]:

> *Da sitzen die Menschen im luftigen Haus*
> *Sich labend an Weinen und Bieren*
> *Und essen und saufen in Saus und Braus*
> *Hinaus dann auf allen Vieren.*
>
> *Da kraxeln sie hohe Berge hinauf*
> *(Sie traben) mit stolzem Gesichte*
> *Und kugeln hinunter in purzelndem Lauf*
> *Und finden kein gleiches Gewichte.*
>
> *Und kommen sie traurig zu Hause an*
> *Und sind dann vergessen die Stunden*
> *Dann kommt sein Weib o ärmlicher Mann*
> *Und heilt ihm mit Prügeln die Wunden.*

Zu diesem Gedicht fertigt Adolf eine Zeichnung an, auf der ein schmächtiger Mann von einer dickbusigen Frau geschlagen wird. Möglicherweise ist dies eine zynische Replik auf die Art und Weise, wie grob seine Steyrer Zimmerwirtin Petronella Cichini mit ihrem Mann umgeht.

Adolf hofft, am Schuljahresende die direkte Versetzung in die fünfte Realschulklasse attestiert zu bekommen. Beinahe schafft er dies. Das Abschlusszeugnis weist folgendes Notenbild auf:

Betragen	3
Fleiß	3
Religion	3
Deutsch	4
Französisch	4
Geographie und Geschichte	3

4. Realschulzeit

Mathematik	4
Chemie	4
Physik	4
Geometrisches Zeichnen	5
Freihandzeichnen	1
Turnen	1
Gesang	1

Weil Adolf im Fach Geometrisches Zeichnen auf eine Fünf abgerutscht ist, ist die Versetzung nur möglich, wenn er im September sich erfolgreich einer Wiederholungsprüfung unterzieht.

Adolf fährt mit dieser enttäuschenden Nachricht nach Hause. Und zwar nicht nach Leonding, sondern nach Linz. Denn dorthin ist seine Familie nach dem Verkauf des Leondinger Hauses vor kurzem umgezogen. Die Mietwohnung befindet sich im dritten Stock eines Gebäudes in der Humboldtstraße 31.

Die Hitlers lassen sich durch Adolfs Schulpleite die Stimmung nicht vermiesen. In der Hoffnung, dass aus der Wiederholungsprüfung erneut eine Wiedergutmachung wird, fahren sie wieder zur Verwandtschaft nach Spital im Waldviertel. Dort findet die alljährliche Sommerfrische statt.

So ganz erholsam wirkt sich der Aufenthalt für Adolf nicht aus. Es erwischt ihn eine akute Bronchitis, an der er längere Zeit laboriert. Die Mutter ist wie immer, wenn Adolf kränkelt, besorgt, schont ihn und päppelt ihn auf.

5. Schulabbruch

„Die Hoffnungen, die Klara in ihren Sohn gesetzt hatte, waren endgültig zerstoben." (Wolfgang Zdral)

Am Ende der Sommerferien 1905 ist der sechzehnjährige Adolf so weit genesen, dass er nach Steyr reisen kann, um zur Wiederholungsprüfung anzutreten. Sie findet am 16. September statt und wird vom Lehrer Gregor Goldbacher abgenommen. Wie nicht anders erwartet, bewältigt er die gestellten Aufgaben. Aus der vorläufigen Fünf im Geometrischen Zeichnen wird eine Vier.

Somit hat er die Unterrealschule formal abgeschlossen. Er ist jetzt berechtigt, seine Schullaufbahn auf der Oberrealschule fortzusetzen, um das Ziel zu erreichen, das der Vater ihm einst vorgegeben hatte. Aber es widerstrebt ihm zutiefst, auf diesen höheren Bildungsabschluss hinzuarbeiten. Diese Aversion resultiert nicht nur aus einer Unlust, sondern auch aus einer gewissen Hoffnungslosigkeit. Angesichts des schlechten Notenbildes glaubt er nicht mehr an die Wiederkehr des Erfolges, den er in den ersten Schuljahren hatte.

Er beschließt, den Bettel hinzuschmeißen. Aus dem einstigen Musterschüler ist endgültig ein Schulversager geworden. Nur in zwei Schulfächern hat er den hervorragenden Leistungsstand von damals halten können. Und dies sind Turnen und Freihandzeichnen.

Der Mutter möchte er den Entschluss, die Schule abzubrechen, nicht in dieser ungeschminkt ehrlichen Form

5. Schulabbruch

mitteilen. Er fährt zurück nach Linz und tut so, als mache ihm die Bronchitis immer noch schwer zu schaffen. Er gibt vor, an Schwächegefühlen zu leiden, die ihm das Lernen verunmöglichten.

Die Mutter glaubt ihrem Adolf und meldet ihn krank. Laut Hausarzt Dr. Bloch, so dessen diagnostische Erinnerung, lag jedoch keine Erkrankung vor, die eine längere Auszeit erfordert hätte.

Eine Rückkehr nach Steyr kommt für Adolf nicht mehr in Frage. Er hat mit der Schule radikal abgeschlossen. Und er hasst Steyr, eine Stadt, die er den *Ort der Verdammten*[41] nennt. Dort will er auf keinen Fall mehr hin.

Die Stadt Steyr ist aber nicht der alleinige Beweggrund seines Schulabbruchs, sondern weitere Ursachen kommen hinzu: Die Schule als Ort des Lernens gefällt ihm ganz und gar nicht. Er hat kaum Erfolgserlebnisse, die Anstrengung als lohnenswert erscheinen lassen. Er hat keine Klassenkameraden, die ihn mitziehen. Und es gibt keinen Lehrer, der ihn ermutigt und ihn bei seiner Sinnsuche unterstützt.

Für einen begabungsschwachen Schulversager hält sich Adolf nicht, sondern er sieht sich selbst als einen Menschen, der aufgrund seiner besonderen Begabung zum Künstler prädestiniert ist. Kunst zu studieren und später als Künstler zu arbeiten, darin sieht er sein Lebensziel.

Auch aus Lehrersicht hat es Adolf nicht an Begabung gemangelt. Für sie ist die Hauptursache sein unkontrollierbarer innerer Schweinehund.

Adolf beendet seine Schullaufbahn ohne den ursprünglich ins Auge gefassten höheren Abschluss. Sein

5. Schulabbruch

Der sechzehnjährige Realschüler Adolf Hitler in seinem letzten Schuljahr – Zeichnung des Mitschülers Sturmlechner

Schulabbruch ist die Endstation eines langen Weges, der gepflastert ist von unzähligen Erlebnissen des Misserfolgs und des Versagens.

Endlich möchte Adolf etwas lernen, was ihm gut tut, Spaß macht und Erfolgserlebnisse erzeugt. Offen bekennt er sich zum Lustprinzip. Diese Einstellung verdichtet sich im Verlauf seines weiteren Lebens zum Charakterzug. Regelmäßige Arbeit macht ihm zeitlebens sehr zu schaffen. Zeitpläne bringt er immer wieder zum Einsturz. Er präferiert einen chaotisch-hedonistischen Arbeitsstil. Systematische und disziplinierte Aktenarbeit ist ihm zuwider.

6. Flucht in die Traumwelt

"Es waren die glücklichsten Tage, die mir nahezu als ein schöner Traum erschienen ..." (Adolf Hitler)

Wer die Schule abgebrochen hat, sollte eigentlich eine Berufsausbildung beginnen, um später einmal seinen Lebensunterhalt selbst verdienen zu können. Diese Botschaft legt ihm seine nächste Umgebung ans Herz. Besonders dringlich bekommt er sie von seinem Schwager Leo Raubal und von seinem Vormund, dem Leondinger Bürgermeister und Bauer Josef Mayrhofer, mitgeteilt. Letzterer hat schon Kontakt mit einem Bäcker aufgenommen, der ihn gerne als Lehrling einstellen möchte. Sie haben damit keinen Erfolg. Adolf sträubt sich vehement dagegen. Lieber will er ein brotloser Künstler werden, als Brot backen lernen.

Die Mutter leidet zwar an Adolfs Dickköpfigkeit, respektiert aber letztlich seinen Zukunftsplan. Auf keinen Fall verstößt sie ihn, ihr Lieblingskind. Im Gegenteil, er bekommt in der neuen Wohnung als einziges Familienmitglied ein eigenes Zimmer, und zwar das Kabinett.

Adolf beginnt nun ein selbst bestimmtes Leben zu führen. Dies heißt nicht, dass er sich gehen lässt und nichts tut. Nein, er macht nur noch das, was ihm wirklich Spaß macht. Den Stundenplan der Schule ersetzt er durch ein persönliches, auf ihn abgestimmtes Bildungsprogramm. Meistens steht er um die Mittagszeit auf und verbringt die folgenden Stunden im Kabinett mit Skiz-

6. Flucht in die Traumwelt

zieren, Malen, Dichten und dem Lesen von Büchern, die er in der Bibliothek des Volksbildungsvereins entleiht. Abends geht er situiert gekleidet aus, um Opern- und Theateraufführungen oder das Lichtspielhaus zu besuchen. Ins Bett geht er extrem spät.

Bei einem seiner Opernbesuche lernt er im Stehparterre des Landestheaters einen Jugendlichen kennen. Es ist August Kubizek, der als Tapeziergeselle im väterlichen Betrieb arbeitet. Der Gustl, wie ihn Adolf später nennt, ist musikalisch sehr begabt. Er spielt Geige, Trompete und Posaune. Und er träumt davon, seinen ungeliebten Handwerkerberuf an den Nagel zu hängen und danach sein Geld als Orchestermusiker zu verdienen.

Aus der ersten Begegnung wird eine intensive Freundschaft. Die beiden treffen sich von da an häufig. Sie besuchen eine Opernaufführung nach der anderen. Oft flanieren sie über die Hauptstraße. Auffallend dabei Adolfs elegante Aufmachung: Frack, Zylinder, weiße Handschuhe, schwarzes Spazierstöckchen mit Elfenbeingriff. Und bisweilen gehen sie auch ins Grüne. Einer ihrer Lieblingsplätze ist eine Bank am Turmleitenweg, wo Adolf auch gerne zeichnet und aquarelliert.

Wenn die beiden Freunde zusammen sind, dominiert Adolf meistens das Gespräch. Er bestimmt die Themen und nimmt den Großteil der Redezeit in Anspruch. Gustl hängt an seinen Lippen, schenkt ihm seine Aufmerksamkeit und stimmt dem zu, was Adolf sagt.

Was Gustl besonders fesselt, ist Adolfs rhetorisches Talent. Seine Worte sind geschliffen, unterlegt von der Ausstrahlungskraft seiner Augen und einer lebhaften Gestik. Manchmal gerät er in einen ekstatischen Zustand, der Gustl an das theatralische Gebaren von Schau-

6. Flucht in die Traumwelt

August Kubizek – Adolf Hitlers Jugendfreund

spielern erinnert. Später bringt der erwachsene Kubizek seine Faszination auf den Punkt: *Nicht was er sprach, gefiel mir zuerst an ihm, sondern, wie er sprach.*[42]

Tief beeindruckt ist Gustl auch von Adolfs gestalterischer Phantasietätigkeit. Der angehende Künstler ist gedanklich und skizzierend ständig am Kreieren. Sein zentrales Projektthema ist die Umgestaltung seiner Heimatstadt. Gegenstände seiner kreativen Aktionen sind öffentliche Gebäude wie das Rathaus, das alte Schloss, das Museum oder der Bahnhof. Darüber hinaus entwirft er auch völlig Neues wie zum Beispiel eine Bergbahn auf den Lichtenberg oder eine Bogenbrücke über die Donau. Der Brücken-Entwurf wird nach dem Anschluss Österreichs an das Deutsche Reich tatsächlich realisiert.

Adolf geht in seiner Traumwelt voll auf. Jetzt hat er sein bisheriges Leben so verändert, dass es nichts mehr

6. Flucht in die Traumwelt

gemein hat mit den verhassten Schultagen seiner Realschulzeit. Deshalb vermeidet er ganz bewusst Kontakte mit den ehemaligen Mitschülern und Lehrern. Er geht ihnen gezielt aus dem Weg. Doch als er eines Tages mit Gustl spazieren geht, läuft ihnen einer von Adolfs alten Klassenkameraden über den Weg. Der geht spontan auf Adolf zu, grüßt ihn freudig und erkundigt sich nach seinem Befinden. Adolf weist ihn barsch ab: *Das geht dich nichts an.*[43] Er lässt den konsternierten Klassenkameraden stehen und schimpft vor sich hin:

Alles künftige Staatsdiener, und mit solchen Kreaturen bin ich in einer Klasse gesessen![44]

Adolf träumt nicht nur künstlerisch, sondern eines Tages gerät er auch in einen flammenden Liebestraum. Dieser beginnt, als er zufällig einem schönen Mädchen mit blondem Haar begegnet. Auch wenn sie nicht miteinander in Kontakt gekommen sind, verliebt er sich in sie. Er bringt in Erfahrung, dass sie aus einem gut bürgerlichen Elternhaus stammt, ihr Vater schon tot ist und gerade die höhere Schule abgeschlossen hat. Außerdem bekommt er ihren Namen heraus: Stefanie Isak.

Adolf sucht immer wieder Orte auf, an denen Stefanie am Arm ihrer Mutter vorbeipromeniert. Manchmal ist auch ein junger Offizier dabei. Diese Konstellation mag Adolf überhaupt nicht. Sie versetzt ihn in zornige Eifersucht, die er sich bei Gustl von der Seele redet.

Adolfs Verliebtheit wird durch ein Schlüsselerlebnis forciert. Es ereignet sich während eines Blumenkorsos, an dem Stefanie in einem sehr hübschen Seidenkleid teilnimmt. Adolf schaut mit Gustl diesem Umzug zu. Als Stefanies Wagen die Stelle, an der die beiden stehen, passiert, wirft sie ihm lächelnd eine Blume zu. Adolf glaubt,

6. Flucht in die Traumwelt

Stefanie Rabatsch, Hitlers Angebetete

Stefanie Isak, später verh. Rabatsch – Adolf Hitlers Jugendliebe

dass sie dies mit ernster Absicht geschehen ist. Er ist aufs Äußerste verzückt. Die Liebe zu Stefanie bringt er in Form von Liebesversen zum Ausdruck, die er ihr aber nicht zu schicken wagt.

Immer wieder zerbricht er sich mit Gustl den Kopf, wie er die Kontaktbrücke zu Stefanie beschreiten könnte. Alles, was ihnen in den Sinn kommt, verwirft er. Er droht verrückt zu werden. So hat er beispielsweise die Idee, Stefanie zu entführen. Und noch schlimmer, er zieht einen Selbstmord in Erwägung.

Irgendwann kommt Adolf zur Besinnung und beschließt, die Beziehung zu Stefanie im imaginären Raum zu belassen.

Adolf verlässt seine Traumwelt nicht, sondern er wechselt lediglich das Thema. Jetzt wünscht er sich

6. Flucht in die Traumwelt

sehnsüchtig eine Wien-Reise, um sich dort zu informieren und Kunst zu genießen. Seine Mutter erhofft sich davon, dass der Sohnemann dadurch endlich zum Einstieg in eine künstlerische Ausbildung motiviert wird. Obwohl sie knapp bei Kasse ist, finanziert sie ihm die Reise.

Der junge Kulturtourist ist von Wien über die Maßen angetan. Ihn faszinieren die Prunkbauten an der Ringstraße. Er besichtigt Museen und Galerien. Die Abende verbringt er in der Oper oder im Theater. Seinem Freund Gustl schreibt er am 7. Mai 1906 eine Ansichtskarte, auf der der Karlsplatz abgebildet ist.

Diese Karte dir sendend muß ich mich zugleich entschuldigen, daß ich solange nichts von mir hören lies. Ich bin also gut angekommen, und steige nun fleißig umher. Morgen gehe ich in die Oper in „Tristan" übermorgen in „Fliegenden Holländer" usw. Trotzdem ich alles sehr schön finde sehne ich mich wieder nach Linz. Heute ins Stadttheater. Es grüßt dich dein Freund Adolf Hitler.[45]

Eine zweite Ansichtskarte folgt noch am selben Tag. Auf deren Bildseite ist die Bühne der Hofoper zu sehen.

Nicht erhebend ist daß Innere des Palastes. Ist außen mächtige Majestät, welche dem Baue den Ernst eines Denkmals der Kunst aufdrück, so empfindet man im Innern eher Bewunderung, den Würde. Nur wenn die mächtigen Tonwellen durch den Raum fluten und das Säuseln des Windes dem furchtbaren Rauschen der Tonwogen weichen, dann fühlt man Erhabenheit vergißt man das Gold und den Sammt mit dem das Innere überladen ist. Adolf H.[46]

Nach dem mehrwöchigen Kunstgenuss kehrt Adolf nach Linz zurück. Und er hat gleich einen neuen Traum. Um ein unbeschwertes und luxuriöses Künstlerleben führen

6. Flucht in die Traumwelt

zu können, möchte er die Chance eines Lotteriegewinns nutzen. Sofort steigert er sich in eine Gewinnerwartung hinein, die alle Gesetze der Gewinnwahrscheinlichkeit missachtet. Er überredet Gustl, zusammen mit ihm bei der Staatslotterie ein Los zu kaufen.

Im Gefolge des Loskaufs plant Adolf detailliert die gemeinsame Verwendung des Gewinngeldes. Er schlägt vor, den zweiten Stock eines großen Hauses im vor den Toren Linz gelegenen Urfahr zu mieten. Den größeren Teil der Wohnung will er belegen, den kleineren teilt er Gustl zu. Das Domizil soll auch zum Treffpunkt kunstbeflissener Linzer werden. Für die Haushaltsführung beabsichtigt er eine Hausdame, eine Köchin und ein Hausmädchen einzustellen. Darüber hinaus sollen mit dem Gewinn auch Kunstreisen finanziert werden.

Adolf fiebert der Ziehung entgegen. Als er das Ergebnis liest, fällt er aus allen Wolken. Zunächst ist er tief deprimiert, dann reagiert er sich mit einem Tobsuchtsanfall ab.

Adolfs Träumereien und sein Lebenswandel bereiten seiner Mutter zunehmend Sorgen. Sie äußert immer wieder ihren Unmut und mahnt ihn, endlich eine Ausbildung zu beginnen, und wenn es eine künstlerische ist. Hauptsache, er tut etwas für seine Zukunft. Adolf verspricht dies zu ihrer Beruhigung, lässt sich aber zeitlich nicht festlegen. Möglicherweise hält er seine Mappe noch nicht für präsentationsreif.

Statt im Herbst 1906 die Aufnahmeprüfung an der Kunstakademie in Wien zu absolvieren, kapriziert sich der junge Bohemien auf ein neues Vorhaben. Er möchte Klavier spielen lernen. Mit diesem Wunsch liegt er seiner Mutter so lange in den Ohren, bis sie ihm vom

6. Flucht in die Traumwelt

Ersparten im Frühherbst einen Heizmann-Flügel kauft. Gleichzeitig finanziert sie ihm die Übungsstunden beim ehemaligen Militärmusiker Josef Prewatzki-Wendt.

Am 13.10.1906 berauscht sich der Musik liebende Adolf an einem freudigen Ereignis. Im Landestheater Linz wird Franz Lehárs Operette *Die lustige Witwe* aufgeführt. Sie wird zu seiner Lieblingsoperette. Immer wieder singt er daraus stammende Lieder wie *Dann geh' ich ins Maxim* oder *Ja, das Studium der Weiber ist schwer*.

Ein paar Wochen später, an einem düsteren Novembertag, erlebt Adolf mit Gustl eine Aufführung, die ihn noch stärker bewegt als *Die lustige Witwe*. Gespielt wird Richard Wagners pompöse Oper *Rienzi*. Es ist die Geschichte des Volkstribuns Cola di Rienzo, der im spätmittelalterlichen Rom zum Befreier des unterdrückten Volkes wird. Die Massen feiern ihn enthusiastisch mit Heil-Rufen. Nach diesem Aufstieg folgt ein tragischer Fall. Es findet ein Volksaufstand statt, in dessen Verlauf Rienzi zu Tode kommt. Seine letzten Worte lauten:

> *Wahnsinnig Volk! Wen greift ihr an?*
> *Wie glaubet mich ihr zu vernichten?*
> *So hört von mir das letzte Wort:*
> *so lang die sieben Hügel Romas stehn,*
> *so lang die ew'ge Stadt nicht soll vergehn,*
> *sollt ihr Rienzi wiederkehren sehn!*[47]

Die Oper hat Hitler total in ihren Bann gezogen. Er ist zutiefst berührt, ja erschüttert. Schweigend verlässt er das Landestheater und geht mit Gustl durchs nächtliche Linz hinauf auf den Freinberg. Dort wird er plötzlich visionär:

6. Flucht in die Traumwelt

Wie eine angestaute Flut durch die berstenden Dämme bricht, brachen die Worte aus ihm hervor. In großartigen, mitreißenden Bildern entwickelte er mir seine Zukunft und die seines Volkes.

Bisher war ich davon überzeugt gewesen, dass mein Freund Künstler werden wollte, und zwar Maler, allenfalls auch Baumeister oder Architekt. Davon war in dieser Stunde keine Rede mehr. Es ging ihm um ein Höheres, das ich aber noch nicht völlig begreifen konnte.[48]

Adolf möchte ein Volkstribun werden wie Rienzi. In seiner Seele nistet sich ein Zukunftsbild ein, das einmal eine ungeheure Zugkraft entwickeln wird. Es ist die erste Seite im Drehbuch seines Lebens.

Später hat er dieses Erweckungserlebnis als den ersten Schritt auf dem Weg zum Führer bezeichnet: *In dieser Stunde fing es an.*[49]

7. Trauriger Einschnitt

„Adolf konnte kaum sprechen, so tief hatte ihn der Verlust der Mutter erschüttert." (August Kubizek)

Nach dem visionären Rienzi-Erlebnis auf dem Freinberg macht Adolf auf seine Umwelt einen in sich gekehrten, ja sogar depressiven Eindruck. Der Flug durch die Traumwelt, den er seit über einem Jahr zurückgelegt hat, scheint ihm viel Kraft gekostet zu haben.

Just in dieser Schwächephase wird die Familie Hitler von neuem Ungemach heimgesucht. Seine Mutter verspürt plötzlich Schmerzen in ihrer Brust. Als sie stärker werden, konsultiert sie den jüdischen Arzt Dr. Eduard Bloch. Dieser diagnostiziert einen gravierenden Brustkrebs. Den Befund teilt er aber nicht sofort der Patientin mit, sondern lässt am nächsten Tag Adolf und dessen Schwester Paula zu sich kommen. Sie erfahren aus Dr. Blochs Mund die bittere Wahrheit. Adolf fragt sofort nach den Überlebenschancen. Er bekommt zur Auskunft, dass eine kleine Chance bestehe, die Mutter aber schnellstens operiert werden müsse.

Zwei Tage später findet die Operation im Spital der Barmherzigen Schwestern statt, durchgeführt vom Primararzt Dr. Urban. Während dem Spitalaufenthalt bricht Adolf seinen Klavierunterricht ab, um seine Mutter finanziell nicht zusätzlich zu belasten. Denn die Krankheitskosten beginnen das Familienbudget sehr zu strapazieren.

7. Trauriger Einschnitt

Klara Hitlers Genesung schreitet zunächst gut voran. Dennoch hat sie große Probleme mit dem Treppensteigen in den dritten Stock. Aus diesem Grund ziehen die Hitlers um. Ab dem 16. Mai 1907 bewohnen sie eine schöne Mietwohnung im ersten Stock des Hauses Blütengasse 9. Sie liegt in Urfahr mit Blick auf den Pöstlingberg.

Klara Hitlers Gedanken kreisen nicht nur um ihren Gesundheitszustand, sondern auch um Adolfs Situation. Sie möchte, dass er endlich etwas für seine Zukunft tut. Enttäuscht bilanziert sie:

Wenn er in der Realschule ordentlich gelernt hätte, könnte er jetzt schon bald seine Matura machen. Aber er lässt sich ja nichts sagen. Er ist der gleiche Dickschädel wie sein Vater.[50]

Endlich entschließt sich der nunmehr achtzehnjährige Adolf im Sommer 1907, einen wichtigen Schritt in die Zukunft zu tun. Er möchte sich im Herbst der Aufnahmeprüfung an der Kunstakademie stellen. Er hat keinen Zweifel, dass er sie bestehen wird, um somit im Wintersemester mit dem Kunststudium beginnen zu können. Die Mutter freut sich über seine Entscheidung und gibt ihm auch das nötige Geld.

Anfang September 1907 steht Adolfs zweite Wien-Reise unmittelbar bevor. Zum einen bekümmert ihn der sich wieder verschlechternde Gesundheitszustand seiner Mutter. Zum anderen locken ihn Wien und das Kunststudium. Vor seiner Abreise schreibt er Stefanie einen Abschiedsbrief ohne Absender. Sinngemäß rekonstruiert sie Jahrzehnte später dessen Inhalt:

Ich erhielt einstens einen Brief, worin mir einer mitteilte, er gehe jetzt auf die Kunstakademie, aber ich solle

7. Trauriger Einschnitt

auf ihn warten, er werde wiederkommen und mich heiraten.[51]

Am Morgen des Abreisetages kommt Gustl in die Blütengasse 9, um seinen Freund zum Bahnhof zu begleiten. Die Mutter und Paula weinen beim Abschied. Und auch Adolf fällt es sehr schwer, Adieu zu sagen. Der Koffer ist so schwer, dass sie ihn zu zweit schleppen müssen.

In Wien angekommen, sucht Adolf sofort eine Unterkunft. Nicht weit vom Westbahnhof entfernt, in der Stumpergasse 31, hat er Glück. Er kommt unter in der Hinterhofwohnung einer Kleidermacherin namens Maria Zakreys. Dort bewohnt er ein 10 Quadratmeter großes Kabinett zum Preis von 10 Kronen pro Monat.

Selbstbewusst und erfolgssicher schreitet Adolf an einem Septembermorgen zur Kunstakademie am Schillerplatz. Er besitzt ein unerschütterliches Selbstbild von seiner künstlerischen Begabung:

In der Realschule war ich schon weitaus der beste Zeichner meiner Klasse gewesen; seitdem war meine Fähigkeit noch ganz außerordentlich weiter entwickelt worden, so daß meine eigene Zufriedenheit mich stolz und glücklich das Beste hoffen ließ.

Eine einzige Trübung trat manchmal ein: mein malerisches Talent schien übertroffen zu werden von meinem zeichnerischen, besonders auf fast allen Gebieten der Architektur. Ebenso aber wuchs auch mein Interesse für die Baukunst an und für sich immer mehr. Beschleunigt wurde dies noch, seit ich, noch nicht sechzehn Jahre alt, zum ersten Male zu einem Besuche auf zwei Wochen nach Wien fahren durfte. Ich fuhr hin, um die Gemäldegalerie des Hofmuseums zu studieren, hatte aber fast nur Augen für das Museum selber. Ich lief die Tage vom frühen

7. Trauriger Einschnitt

Morgen bis in die späte Nacht von einer Sehenswürdigkeit zur anderen, allein es waren immer nur Bauten, die mich in erster Linie fesselten.

Stundenlang konnte ich so vor der Oper stehen, stundenlang das Parlament bewundern; die ganze Ringstraße wirkte auf mich wie ein Zauber aus Tausend und einer Nacht.[52]

Zur Aufnahmeprüfung sind insgesamt 112 Kandidaten angemeldet. Zunächst müssen die mitgebrachten Arbeitsproben der Prüfungskommission zur Bewertung vorgelegt werden. Von ihr hängt ab, ob man zum zweiten Prüfungsteil, dem Probezeichnen, zugelassen wird.

Als die Ergebnisse dieser Vorauslese bekannt gegeben werden, wird Adolfs Optimismus bestätigt. Er darf im Gegensatz zu 33 Kandidaten in die nächste Prüfungsrunde. Damit er diese auch wirklich bewältigt, lässt er sich in einer privaten Malschule den letzten Schliff geben. Er ist sich sicher, die nächste Hürde zu überspringen.

Anfang Oktober tritt der Kandidat zum zweitägigen Probezeichnen an. Aus folgenden Gruppen können Themen[53] ausgewählt werden:

Am ersten Prüfungstag

1. Austreibung aus dem Paradiese, Jagd, Frühling, Bauarbeiter, Tod und Regen.

2. Rückkehr des verlorenen Sohnes, Flucht, Sommer, Holzknechte, Trauer und Feuer.

3. Kain erschlägt Abel, Heimkehr, Herbst, Fuhrknechte, Freude und Mondnacht.

4. Adam und Eva finden den Leichnam Abels, Abschied, Winter, Hirten, Tanz und Gewitter.

7. Trauriger Einschnitt

Am zweiten Prüfungstag
1. Episode aus der Sinthflut, Hinterhalt, Morgen, Landsknechte, Musik und Gebet.
2. Die Heiligen Drei Könige, Flucht (Verfolgung), Mittag, Bettler, Wahrsagerin und Verunglückt.
3. Der barmherzige Samariter, Wallfahrer, Feierabend, Fischer, Märchenerzählerin und Schatzgräber.
4. Simsons Fesselung, Spaziergang, Nacht, Sklaven, Friede und Der Lehrer.

Lediglich 28 Kandidaten erledigen diese Aufgaben mit Erfolg. Adolf ist nicht darunter. Das Prüfungsergebnis lautet: *Probez.(eichnung) ungenügend, wenig Köpfe.*[54] Er kann es nicht glauben. Er ist deprimiert, an sich zweifelnd:

Geschlagen verließ ich den Hansenschen Prachtbau am Schillerplatz, zum ersten Male in meinem jungen Leben unsicher mit mir selber. Denn was ich über meine Fähigkeit gehört hatte, schien mir nun auf einmal wie ein greller Blitz einen Zwiespalt aufzudecken, unter dem ich schon längst gelitten hatte, ohne bisher mir eine klare Rechenschaft über das Warum und Weshalb geben zu können.[55]

Adolf entschließt sich schweren Herzens, zum Direktor der Kunstakademie zu gehen, um in Erfahrung zu bringen, warum er durchgefallen ist. Der hohe Herr der Künste heißt Siegmund l'Allemand. Der gibt ihm zu verstehen, dass eine überdurchschnittliche zeichnerisch-malerische Begabung nicht zu erkennen ist. Er hält ihn aber für baukünstlerisch talentiert und rät ihm zu einem Architekturstudium. Adolf empfindet diese Rückmeldung als Kompliment, ja sogar als Genialitätsbeweis.

7. Trauriger Einschnitt

Wiener Akademie der bildenden Künste – Ort des zweimaligen Prüfungsversagens

Doch die empfohlene Alternative lehnt er ab, da er den Abschluss der Oberrealschule nachholen müsste. Auf keinen Fall will er nochmals die Schulbank drücken.

Eine Weile trödelt der enttäuschte Kandidat noch in Wien herum, bis ihn eine schlechte Nachricht aus Linz erreicht. Ihr ist zu entnehmen, dass es der Mutter sehr schlecht geht. Rasch kehrt er nach Linz zurück, kündigt aber nicht sein Wiener Mietverhältnis. Über seine nicht bestandene Aufnahmeprüfung hüllt er sich in Schweigen. Weder Gustl noch die Familie erfahren etwas davon.

Ende Oktober 1907 klärt Dr. Bloch die Angehörigen der Familie Hitler über die Unheilbarkeit der Krankheit und die noch verbleibende Kürze des mütterlichen Lebens auf. Sie ist inzwischen so geschwächt, dass sie das Bett nicht mehr verlassen kann. Täglich kommt Dr. Bloch in die Wohnung, um die Wunde mit Jodoform zu behandeln und die Schmerzen mit Morphium zu lindern. Adolf weicht nicht mehr von der Mutter Seite. Lie-

7. Trauriger Einschnitt

bevoll pflegt und versorgt er sie, unterstützt von der Hannitante. Er achtet auch darauf, dass seine Schwester nicht aus dem Tritt gerät und ihre Schularbeiten regelmäßig erledigt.

Am 5. Juni 1946 erinnert sich Paula Hitler daran in einer Vernehmung durch die amerikanische Armeepolizei CIC voll des Lobes für ihren Bruder:

Mein Bruder half mir und verwöhnte meine Mutter in dieser letzten Zeit ihres Lebens mit überströmender Zärtlichkeit. Er war unermüdlich in seiner Fürsorge, wollte ihr jeden Wunsch erfüllen, den sie vielleicht hatte, und tat alles, um ihr seine große Liebe zu zeigen.[56]

Kurz vor Klara Hitlers Tod kommt Gustl nochmals zum Krankenbesuch. Er darf sich nur wenige Minuten in ihrer Gegenwart aufhalten. Als er sich verabschiedet, äußert sie mit schwacher Stimme:

Gustl bleiben Sie meinem Sohn ein guter Freund, auch wenn ich nimmer bin. Er hat ja niemanden mehr.[57]

Am 21. Dezember, um zwei Uhr nachts, stirbt Klara Hitler. Am nächsten Morgen teilt dies ihre hochschwangere Stieftochter Angela Dr. Bloch mit und bittet ihn darum, in die Blütengasse zu kommen und den Totenschein auszufertigen. Rückblickend schildert er die traurige Szenerie:

Adolf, dessen Gesicht die Übermüdung einer schlaflosen Nacht zeigte, saß neben seiner Mutter. Um einen letzten Eindruck von ihr festzuhalten, hatte er sie gezeichnet, wie sie auf dem Totenbett lag. Ich saß noch eine Weile mit der Familie zusammen und versuchte, ihren Kummer zu lindern. Ich erklärte ihnen, dass in diesem Fall der Tod eine Erlösung gewesen war – und sie verstanden.[58]

7. Trauriger Einschnitt

Klara Hitlers jüdischer Hausarzt Dr. Eduard Bloch

Das Ableben der Mutter hat sich scharf in Adolfs Seele geschnitten. In einem Interview mit der Zeitschrift Collier's im Jahre 1941 merkt Dr. Bloch hierzu an:

In meiner beruflichen Praxis habe ich viele solcher Szenen erlebt, aber keine machte einen so großen Eindruck auf mich. In meiner ganzen Karriere habe ich niemanden gesehen, der so vom Kummer vernichtet war wie Adolf Hitler.[59]

Trotz der Niedergeschlagenheit hat Adolf noch die Kraft, die Beerdigung zu organisieren. Sie findet auf dem Leondinger Friedhof am Tag vor dem Heiligen Abend statt. Dort wird Klara Hitler im Familiengrab neben ihrem verstorbenen Mann beerdigt. Tags darauf begibt sich die Familie zu Dr. Bloch. Sie bedankt sich für seine aufopfernde ärztliche Hilfe und begleicht die Arztrechnung. Adolf sagt zu ihm beim Abschied:

Ich werde Ihnen Herr Doktor ewig dankbar sein.[60]

7. Trauriger Einschnitt

Dieses Versprechen wird er einhalten. Als der Führer Adolf Hitler 1938 in Linz Einzug hält, erkundigt er sich fürsorglich nach Dr. Bloch:

Sagen Sie, lebt mein guter alter Dr. Bloch noch? Ja, wenn alle Juden so wären wie er, dann gäbe es keinen Antisemitismus.[61]

Der Führer bewirkt, dass ihm nichts geschieht. Sein Edeljude wird unter den Schutz der Linzer Gestapo gestellt. 1940 darf er in die USA emigrieren.

Den Heiligen Abend 1907 verbringt Adolf mutterseelenallein. Obwohl die Raubals und auch die Kubizeks ihn eingeladen haben, macht er von diesen Angeboten keinen Gebrauch. Stundenlang läuft er durch die Gassen von Linz. Am frühen Morgen kehrt er in die Wohnung zurück und schläft erschöpft ein.

8. Aus der Traum

"Ich war vom Erfolge so überzeugt, dass die mir verkündete Ablehnung mich wie ein jäher Schlag aus heiterem Himmel traf." (Adolf Hitler)

Nach der Trauerarbeit verwendet Adolf einen Großteil seiner Zeit darauf, familiäre Angelegenheiten, die aus dem Tod der Mutter resultieren, zu erledigen. Hierzu gehören zum Beispiel die Todfallaufnahme, die Erstattung der Beerdigungskosten, die Begleichung verschiedener anderer Rechnungen, die Beantragung der Waisenrente. Außerdem ist die Zukunft seiner jüngeren Schwester und der Hannitante zu regeln. Die Lösung des letztgenannten Problems besteht darin, dass nach einer kurzen Übergangszeit in der Blütengasse 9 Paula in die Familie seiner Stiefschwester Angela aufgenommen wird und die Hannitante zu ihren Verwandten nach Spital zieht.

Was Adolfs eigene Zukunft betrifft, ist für ihn klar: Es gibt keine Alternative zur Rückkehr nach Wien. Dort hat er ein Zimmer. Und dort will er seinen Traum vom Künstler wahrmachen. Inzwischen hat er sich vom Prüfungsschock so weit erholt, dass er an das Bestehen der Wiederholungsprüfung im Herbst 1908 zu glauben beginnt.

Er erhofft sich dabei Unterstützung von Professor Alfred Roller, der an der Kunstakademie Bühnenbild lehrt. Dieser Koryphäe hat die Hauseigentümerin, Frau Hanisch, am 4.2. 1908 über ihre in Wien wohnende Mut-

8. Aus der Traum

ter einen Fürbittbrief zukommen lassen, der erstaunlich rasch beantwortet wird. Der Kunstprofessor ist bereit, Adolf beratend zu helfen. Er schlägt vor, dass der Kandidat mit ihm in Wien direkt Kontakt aufnimmt. Adolfs Traum erhält dadurch ungeahnte Nahrung. Und er bedankt sich bei Frau Hanischs Freundin herzlichst für die Unterstützung:

Hochverehrte gnädige Frau!

Drücke Ihnen hiermit, hochverehrte gnädige Frau, für Ihre Bemühungen, mir Zutritt zum großen Meister der Bühnendekoration, Prof. Roller, zu verschaffen, meinen innigsten Dank aus. Es war wohl etwas unverschämt von mir, Ihre Güte, gnädigste Frau, so stark in Anspruch zu nehmen, wo Sie dies doch einem für Sie ganz Fremden tun mussten. Umso mehr aber bitte ich auch meinen innigsten Dank für Ihre Schritte, die von solchen Erfolgen begleitet waren, sowie für die Karte, welche mir gnädige Frau so liebenswürdig zur Verfügung stellten, entgegennehmen zu wollen. Ich werde von der glücklichen Möglichkeit sofort Gebrauch machen.

Also nochmals meinen tiefgefühltesten Dank, und ich zeichne mit

Ehrerbietigem Handkuß

Adolf Hitler[62]

Adolfs Stimmung hellt sich noch weiter auf, als Gustl die Erlaubnis erteilt wird, ebenfalls nach Wien zu ziehen. Im Vorfeld dieser Entscheidung hat Adolf die Kubizeks mit suggestiven Techniken davon überzeugt, dass Gustl unbedingt ans Wiener Konservatorium müsse, um dort seine musikalische Hochbegabung umzusetzen. Und gleichzeitig hat auch der Arzt für diesen Wechsel

8. Aus der Traum

plädiert, da die staubige Arbeit in der väterlichen Werkstatt Gustls Lunge geschädigt habe.

In den Tagen vor der Abreise werden aus Adolfs Umfeld immer wieder kritische Fragen nach der Realistik eines Studienvorhabens gestellt. Man zweifelt vor allem an dessen Finanzierbarkeit. Der Studienaspirant sieht dies anders:

Makart und Rubens haben sich auch aus ärmlichen Verhältnissen hochgearbeitet.[63]

Und er ist auch überzeugt, finanziell gut über die Runden zu kommen. Erstens erhält er rückwirkend vom Januar 1908 25 Kronen Waisenrente pro Monat, zweitens stehen ihm aus dem mütterlichen Erbe 1000 Kronen zu und drittens gewährt ihm die Hannitante ein Darlehen von 924 Kronen.

Nachdem alles geregelt ist, packt Adolf insgesamt 4 Koffer. Der Inhalt besteht großenteils aus Büchern, Zeichnungen, Aquarellen und Malutensilien. Gustl hilft ihm, die schwere Fracht zum Bahnhof zu transportieren. Am 17.2.1908 verlässt der Zug den Linzer Bahnhof. Adolf ruft seinem Freund durchs Zugfenster: *Komm bald nach, Gustl!*[64]

Nach einigen Stunden ist Adolf wieder in der Kaiserstadt Wien. Er hat große Mühe, sein schweres Gepäck zu Frau Zakreys Wohnung zu schleppen. Dort empfindet er eine gewisse Leere, die mit der Abwesenheit seines Freundes zusammenhängt. Am nächsten Tag schreibt er Gustl eine Ansichtskarte:

8. Aus der Traum

Lieber Freund!

Warte schon sehnsuchtsvoll auf Nachricht von deinem kommen. Schreib bald und bestimmt damit ich alles zum feierlichen Empfang bereit mache. Ganz Wien wartet schon. Also komm bald. Hole dich natürlich ab. Jetzt beginnt hier ein wenig schönes Wetter Hoffentlich ändert es sich bis dorthin. Also wie gesagt erst bleibst du bei mir. Werden dann schon beide sehn. Klavier bekommt man hier im sogenannten Dorotheum schon wirklich um 50-60 fl. Also viele Grüße an dich sowie deine werten Eltern von deinem Freund Adolf Hitler.

Bitte nochmals komm bald![65]

Die Zeilen erreichen ihren Zweck. Fünf Tage später fährt Gustl nach Wien. Er kommt dort um 6 Uhr abends an. Adolf empfängt ihn am Bahnsteig. Er ist beglückt und gibt seinem Freund einen Kuss. Geplant ist, dass Gustl in der Stumpergasse übernachtet und am folgenden Tag für ihn ein Zimmer gesucht wird.

In Adolfs Kabinett verspeisen die beiden ein wohl schmeckendes Proviantpaket, in das Frau Kubizek Schweinebraten, Butter, Käse und Hefeknödel eingepackt hat. Obwohl Gustl schon sehr müde ist, zeigt ihm Adolf danach noch einige Sehenswürdigkeiten an der Ringstraße. Nach der Rückkehr in die Wohnung schläft Gustl erschöpft ein.

Am nächsten Morgen beginnt die Suche nach einem preisgünstigen Zimmer für Gustl. Als die beiden Freunde nach vielen Stunden erfolglos zurückkehren, schlagen sie Frau Zakreys eine Lösung vor: Sie zieht ins Kabinett und Adolf und Gustl ins größere Wohnzimmer. Die Vermieterin ist mit dem Umzug in der Wohnung einverstanden. Die Miete für das neue Zimmer beträgt 20 Kronen.

8. Aus der Traum

Gustls Kopf ist nun frei für die Aufnahmeprüfung am Konservatorium. Sie umfasst eine Gehörprüfung, einen Liedvortrag vom Blatt, eine Harmonielehre-Klausur, eine Musikgeschichte-Klausur sowie ein Klaviervorspiel. Noch am selben Tag teilt der Direktor dem Kandidaten mit, dass er die Prüfung erfolgreich bestanden hat. Auf dem Heimweg mietet sich Gustl einen Flügel, um zu Hause üben zu können.

Hocherfreut verkündet der Musikstudent in der Zakreys'schen Wohnung den Prüfungserfolg. Adolf tut sich schwer, mit ihm diese Freude zu teilen. Sein Kommentar lautet: *Ich hab' gar nicht gewusst, dass ich so einen gescheiten Freund habe*.[66] Diese Reaktion irritiert Gustl.

In der Folgezeit fällt dem neuen Mitbewohner an Adolf eine gesteigerte Gereiztheit auf. Ihm ist nicht klar, was dahintersteckt. Sonderbar ist für ihn auch die Art und Weise, wie der Kunststudent seinen Tag verbringt. Nichts ist erkennbar, woran sich erkennen lässt, dass er studiert.

Eines Tages kommt Licht in das Dunkel vager Vermutungen. Mitten in einem Gespräch lässt Adolf Hasstiraden gegen die Kunstakademie, ihre Bürokratie und ihre Professoren los. Der Ausbruch gipfelt im Satz: *Diese Akademie gehört in die Luft gesprengt*.[67] Gustl ist entsetzt. Und nun offenbart ihm Adolf seinen Misserfolg: *Abgelehnt haben sie mich, hinausgeworfen, ausgeschlossen bin ich …* [68]

Gustls Erfolg spornt Adolf an, etwas für das Gelingen der Wiederholungsprüfung an der Kunstakademie zu tun. Obwohl er diese allein bewältigen möchte, will er Professor Rollers Beratungsangebot in Anspruch nehmen. Dreimal macht er sich auf den Weg zu dessen

8. Aus der Traum

Atelier. Jedes Mal stoppt er kurz vor dessen Tür und kehrt um. Er schafft es nicht, dem Professor seine Mappe vorzulegen. Irgendeine Angst scheint ihn zu blockieren. Um diesem quälenden Annäherungs-Vermeidungs-Konflikt ein Ende zu bereiten, zerreißt er das Empfehlungsschreiben, mit dem er sich hat legitimieren wollen.

Nach den missglückten Beratungsgängen wendet sich Adolf wieder dem Müßiggang zu. Er delektiert sich mit Gustl an Opern- und Theateraufführungen. Er beobachtet von der Zuschauer-Galerie des k.u.k. Reichsrates Parlamentssitzungen. Er macht sich daran, die Sage vom Wieland dem Schmied in ein Musikdrama umzuarbeiten. Wie schon in Linz entwirft er Pläne zur Umgestaltung der Prunkbauten. Er entwirft ein Konzept, wie man die Kluft zwischen Arm und Reich und die Lage der Arbeiter verbessern könnte.

Und nicht zuletzt vertieft er sich ständig in Bücher, um sein Wissen zu erweitern. Dazu Gustl:

So war es bei meinem Freunde: Bücher, immer wieder Bücher! Ich kann mir Adolf gar nicht ohne Bücher vorstellen. Daheim stapelte er sie um sich auf. Er musste ein Buch, das ihn beschäftigte, immer um sich haben. Auch wenn er nicht gerade darin las, musste es doch für ihn gegenwärtig sein. Wenn er von daheim fortging, hatte er mindestens ein Buch unter dem Arm.[69]

Was Adolf liest, speichert er so gut, dass er es bis ins kleinste Detail wiedergeben kann. Egal, um welchen Lesestoff es sich handelt. *Was er sich einmal angeeignet ... hatte, das saß sorgfältig eingeordnet und registriert in seinem Gedächtnis. Ein Griff – und es stand wieder bereit ...*[70]

8. Aus der Traum

Nachdem der Frühling in Wien Einzug gehalten hat, zieht es Adolf und Gustl in die Natur. Sie unternehmen, vor allen am Wochenende, Ausflüge. Ziele sind der Wienerwald, die Wachau und der Semmering. Der Aufbruch zu diesen Touren gestaltet sich oft als schwierig, da Adolf ein Langschläfer ist. Gustl muss ihn regelrecht wachrütteln. Obwohl die Aufstehzeit am Tag zuvor klipp und klar vereinbart worden ist, reagiert Adolf unwirsch: *Was weckst du mich so früh?*[71]

Bei ihren Unternehmungen beobachtet Gustl, welch anziehenden Eindruck sein Freund auf das weibliche Geschlecht macht. Doch dieser erwidert das erotische Augenspiel nicht. Gustl will von Adolf wissen, warum dem so ist. Er erhält eine klare Antwort: Mann und Frau müssen bis zur Eheschließung enthaltsam bleiben. Umso erstaunter ist Gustl, als Adolf ihn eines Abends ins Wiener Bordellviertel lotst: *Komm, Gustl. Einmal müssen wir uns doch den Pfuhl der Laster ansehen.*[72] Nach diesem völlig unerwarteten Ausflug, der ohne Bordellbesuch endet, doziert Adolf über die Unmoral der käuflichen Liebe.

Als Gustls erstes Semester Anfang Juli zu Ende geht, zieht er eine positive Bilanz. Er hat alle Leistungsprüfungen erfolgreich abgeschlossen, und er hat zusammen mit Adolf viel erlebt. Jetzt braucht er Abstand, und so entschließt er sich, die Semesterferien in Linz zu verbringen. Adolf zieht es vor, zunächst in Wien zu bleiben. Ende August wird er zu seinen Verwandten ins Waldviertel fahren. Und dann heißt es die Wiederholungsprüfung zu bestehen.

Im Juli und August bleiben die Freunde miteinander in postalischem Kontakt. Gustl schreibt Adolf. Und

8. Aus der Traum

Adolf meldet sich mehrmals aus Wien. So berichtet er über erledigte Aufträge, Opernbesuche, kreative Aktivitäten und die Jagd nach Zimmerwanzen. Eines dieser Schreiben findet Gustl besonders lustig:

Guter Freund!

Erst bitte ich Dich um Verzeihung dafür dass ich solange keinen Brief schrieb. Es hatte dies auch seine guten, oder besser schlechten Gründe; ich wüsste nichts womit ich dir hätte aufwarten können. Daß ich Dir nun doch einmal schreibe beweist nur dass ich sehr lange suchen musste um Dir par Neuigkeiten zusammen zu suchen. Also beginne ich. Erstens lässt sich unsere Zimmerfrau die Zakreys für das Geld schön bedanken. Und zweitens bedanke ich mich bestens für Deinen Brief. Die Zakreys dürfte sich wahrscheinlich mit dem Schreiben schwer tun (sie beherrscht das Deutsch zu schlecht) deshalb bat Sie mich ich möchte Dir und deinen werten Eltern ihren Dank überliefern. Ich habe jetzt gerade einen starken Bronchial Chatarr überstanden Mir scheint Euer Musikerbund befindet sich jetzt in einer Krise. Wer hat den die Zeitung eigentlich herausgegeben die ich Dir zum letzten Mal schickte. Ich hatte damals den Betrag schon längst bezahlt. Weißt Du näheres. Bei uns ist jetzt schönes angenehmes Wetter; es regnet nämlich sehr stark. Und heuer im Jahr der Backofenhitze ist dass wahrhaftig des Himmels Segen. Nun werde ich Ihn aber auch nur kurze Zeit genießen Samstag oder Sonntag dürfte ich wahrscheinlich fortfahren. Werde Dich davon genau verständigen. Schreibe jetzt ziemlich viel, gewöhnlich nachmittags und abends. Hast Du den letzten Entscheid des Gemeinderats in Bezug des neuen Theaters gelesen. Mir scheint die wollen gar den alten Krempel

8. Aus der Traum

noch einmal flicken. Es geht dies aber so nicht mehr weil Sie von der Behörde die Erlaubniß nicht mehr bekämen. – Jedenfalls zeigt die ganze Phrasenreiterei das diese hochwohlgeborenen und alle maßgebensten Faktoren vom Bau eines Theaters gerade soviel Idee haben, wie ein Nilpferd vom Violinspielen. Wenn mein Handbuch der Architektur nicht schon so miserabel ausschaun täte, möchte ich es sehr gern einpacken und mit nachfolgender Teater-Gründungsvereinsentwurfsbauausführungskomitesgemäßer Adresse versenden „An das alhierige hochwohlgeborene gestrenge alllöbliche Comitoria zur Etwaigen Erbauung und allfallige Ausstattungen…" Und damit schließe ich nun. Grüß Dich und deine werten Eltern vielmals und verbleibe

Dein Freund

Adolf Hitler[73]

Die letzte postalische Botschaft ist nur sehr kurz. Es ist eine Ansichtskarte aus Weitra im Waldviertel, wo Adolf zum Verwandtenbesuch weilt. Darauf steht: *Die besten Glückwünsche zu Deinem werten Namensfeste.*[74] Gustl hat am 28. August Namenstag.

Nach der Rückkehr aus dem Waldviertel steht die Wiederholungsprüfung an. Wie im Jahr zuvor stellt Adolf eine Präsentationsmappe zusammen. Endlich soll sein Traum vom Kunststudium, den er immer noch träumt, in Erfüllung gehen.

Adolf ist schockiert, als er mitgeteilt bekommt, dass er diesmal nicht einmal die Mappenprüfung geschafft hat. Das heißt, er darf gar nicht zum Probezeichnen antreten. Jetzt ist die Chance, auf formalem Weg ins Kunststudium zu gelangen, endgültig vertan. Aus ist der Traum.

8. Aus der Traum

Später erfährt Adolf, dass nicht wenige Leidensgenossen letztlich doch noch ins Kunststudium gelangt waren. Darunter Robin Christian Andersen, langjähriger Leiter der Malerschule an der Wiener Kunstakademie, und Hans Makart, einer seiner Lieblingsmaler. Letzterer besuchte ein Semester die Maler-Vorbereitungsklasse und wurde *als gänzlich ... untalentirt nach Hause geschickt*.[75]

Nach dieser zweiten Niederlage bricht Adolf den Kontakt zu Gustl ab. Er schreibt ihm nicht mehr. Sein Misserfolg beschämt ihn so stark, dass er dem erfolgreichen Freund nicht mehr unter die Augen kommen möchte. Als Konsequenz daraus kündigt Adolf sein Mietverhältnis und sucht sich eine neue Bleibe, die er in der Felberstraße 22 bei Frau Riedl findet. Als er sich beim Meldeamt vorschriftsmäßig ummeldet, gibt er an, Student zu sein.

Kurz nach Adolfs Auszug kommt Gustl nach Wien zurück. Er ist sprachlos, als er von Adolfs Kündigung erfährt. Frau Zakreys weiß seine neue Adresse nicht. Gustls weitere Erkundigungen sind erfolglos. Die Freundschaft ist zu Ende.

Gustl ist zunächst sehr enttäuscht und verärgert. Aus der Distanz gelangt er später zu einer Bewertung, mit der er leben kann:

So fand denn unsere schöne Jugendfreundschaft einen wenig schönen Abschluß. Doch mit der Zeit versöhnte ich mich auch damit. Ja, ich fand, daß dieser von Adolf provozierte jähe Abbruch unserer Freundschaft eigentlich sinnvoller war als ein Ende, das dadurch heraufbeschworen wäre, dass wir uns gegenseitig gleichgültig wurden oder dass ich für Adolf nichts mehr bedeu-

8. Aus der Traum

tet hätte. Gewiß wäre für mich dieses Ende schwerer zu ertragen gewesen als jener erzwungene Abschied, der eigentlich keiner war. Da diese Trennung zu einer Zeit erfolgte, da unsere Freundschaft, zumindest meiner Ansicht nach, einen geradezu idealen Höhepunkt erreicht hatte, blieb mir auch das Bild meines Freundes viel geschlossener und lebhafter in Erinnerung, als würde ich es nur durch einen infolge ungünstiger Begleitumstände getrübten Abschied sehen können. Sicherlich liegt auch darin mit der Grund, weshalb mir diese doch so ferne liegenden Jugendjahre so gegenwärtig geblieben sind.[76]

9. Im Wiener Sinnloch

„Er ist in der Tat jetzt oft deprimiert und in sich gekehrt." (Konrad Heiden)

Adolf Hitler, seines Traumes beraubt, tut sich schwer, im Leben noch einen Sinn zu sehen. Er zieht sich zurück und vegetiert einsiedlerisch dahin. Seine Haupttätigkeit ist jetzt das Lesen. Hierzu merkt er später an:

Ich las damals unendlich viel, und zwar gründlich. Was mir so an freier Zeit von meiner Arbeit übrig blieb, ging restlos für mein Studium auf. In wenigen Jahren schuf ich mir damit die Grundlagen eines Wissens, von denen ich auch heute noch zehre.[77]

Am 20. April 1909 wird er 20 Jahre alt, woran niemand Anteil nimmt. Da er sehr knapp bei Kasse ist, bezieht er am 20.8.1909 ein billigeres Zimmer in der Sechshauserstraße 58/II. Dort bleibt er nur kurze Zeit. Schon am 16.9.1909 ist der nächste Umzug fällig, und zwar in die Simon-Denk-Gasse 11. Weil seine finanzielle Situation immer prekärer wird, beendet er im November auch dieses Mietverhältnis. Jetzt ist er obdachlos. Zunächst verbringt er die Nächte auf Parkbänken. Nachdem es winterlich kalt geworden ist, zieht er es vor, in einem Obdachasyl im Stadtteil Meidling zu übernachten. Sein elendes Dasein sieht man ihm inzwischen deutlich an. Er ist abgemagert, schaut traurig drein und ist schäbig gekleidet.

In dieser trostlosen Zeit lernt Hitler einen Stadtstreicher kennen. Er heißt Reinhold Hanisch, führt aber mo-

9. Im Wiener Sinnloch

mentan den falschen Namen Fritz Walter. Eines Tages hat dieser neue Bekannte eine Geschäftsidee. Weil sich Hitler ihm gegenüber als Kunststudent ausgegeben hat, macht Hanisch ihm den Vorschlag, Postkarten zu bemalen. Diese Kunsterzeugnisse möchte er als ambulanter Händler vertreiben. Die Einnahmen sollen dann hälftig geteilt werden. Hitler findet diese Idee gut, kann sie aber noch nicht verwirklichen, da er keine Arbeitsmittel mehr besitzt. Um sich das nötige Geld zu besorgen, schreibt er seiner Hannitante und bittet sie um finanzielle Hilfe. Sie hat Mitleid mit ihm und schickt ihm 50 Kronen.

Nachdem Hitler sich die nötigen Malutensilien angeschafft hat, beginnt er mit der Postkartenproduktion. Meist sind es Sehenswürdigkeiten, die er von Vorlagen fotogetreu auf die Postkarten kopiert. Hanisch hat keine Probleme, sie in Gasthäusern und bei Rahmenhändlern zu verkaufen. Der Absatz entwickelt sich so erfreulich, dass die beiden die Obdachlosigkeit überwinden können. Am 9.2.1910 ziehen sie ins Männerheim der Stadt Wien in der Brigittenau, wo der Mietzins lediglich 50 Heller pro Tag beträgt. Die Nacht verbringt man dort nicht im Massenschlafsaal, sondern in Einzelkabinen, die von 9.00 Uhr abends bis 9.00 Uhr morgens belegt werden dürfen. Die Einrichtung verfügt auch über eine Bibliothek mit Lesesaal, wo sich Hitler oft aufhält.

Eines Tages kommt es zwischen Hitler und Hanisch zum Konflikt. Der Postkartenmaler hegt den Verdacht, dass sein Geschäftspartner ihn betrügt. Deshalb bricht er die Geschäftsbeziehung ab. Zunächst übernehmen jüdische Mitbewohner den Verkauf, später steigt Hitler selber in die Vermarktung ein. Hauptabnehmer sind jüdische Kunst- und Rahmenhändler.

9. Im Wiener Sinnloch

Männerwohnheim in der Wiener Brigittenau – Adolf Hitlers Aufenthaltsort von 1910-1913

Einer der Bilder-Verkäufer, Siegfried Löffler, zeigt Hanisch auf Hitlers Betreiben wegen Unterschlagung eines Bildes an. Im Gefolge der Ermittlungen kommt auch Hanischs Namensfälschung ans Tageslicht. Er wird zu sieben Tagen Haft verurteilt. Nach der Haftentlassung sinnt er auf Rache. Über einen Anonymus lanciert er eine Anzeige gegen Hitler, weil dieser seit einiger Zeit den Berufstitel eines akademischen Malers unrechtmäßig führt. Daraufhin wird Hitler vom Bezirksgericht aufgefordert, den Titelmissbrauch zu unterlassen.

Mit der Justiz gerät Hitler im Jahre 1911 nochmals in unangenehme Berührung. Als die Hannitante 1911 zu Grabe getragen wird, erfährt seine Stiefschwester Angela, dass Hitler seit Beginn seines Wien-Aufenthalts nie studiert hat, sondern dort seit 1909 als Kunstmaler tätig ist. Ihr wird dabei klar, dass Hitler die Waisenrente

9. Im Wiener Sinnloch

zu Unrecht erhält, denn sie wird nur Auszubildenden gewährt. Angela teilt dies empört Hitlers Vormund mit, der die Angelegenheit dem k.u.k. Bezirksgericht Linz mitteilt. Dieses lässt Hitler durch das k.u.k. Bezirksgericht Wien-Leopoldstadt vernehmen. Er kann gerade noch seinen Kopf aus der Schlinge ziehen, indem er erstens erklärt, dass er sich selbst ernähren kann, und zweitens sein Einverständnis gibt, dass sein Anteil an der Waisenrente ab sofort seiner Schwester Paula ausbezahlt wird.

Jetzt hat Adolf Hitler nur noch eine Einnahmequelle: die tägliche Malarbeit. Sie sichert ihm zwar das tägliche Überleben, bringt ihm aber nicht jene Sinnerfüllung, die seine Seele bräuchte. Die Sinnfrustration, die ihn immer wieder überkommt, versucht er durch politische Heilserwartungen zu bewältigen. Besonderen Gefallen findet er am nationalistischen und rassistischen Gedankengut. Zu seinen einflussmächtigsten Leitfiguren zählen der demagogische Wiener Bürgermeister Dr. Karl Lueger, der deutschnationale Politiker Georg von Schönerer, der Rassenideologe Adolph Joseph Lanz und der Deutschradikale Karl Hermann Wolf. Was er von deren Lehren aufnimmt, gibt er im Kreise seiner Männerheim-Kollegen zum Besten. Bisweilen eskaliert sein Politisieren zu lärmerfüllten Debatten, die den Hausverwalter auf den Plan rufen.

Hitlers politisches Denken ist zwar schon radikalisiert, hat aber noch nicht die Form eines ausgereiften und in sich zusammenhängenden Programms. Was sich in seinem Kopf festgesetzt hat, befindet sich im Stadium des Gärens und Keimens. Sein Antisemitismus ist noch theoretisch und wirkt sich noch nicht auf seine täglichen

9. Im Wiener Sinnloch

Ein Aquarell des Postkartenmalers Adolf Hitler –
Schlosskirche von Perchtoldsdorf

Beziehungen zu den jüdischen Mitbewohnern und zu den Geschäftskunden aus.

Im Jahre 1913 möchte Hitler endlich raus aus dem Sinnloch, in dem er schon seit fünfeinhalb Jahren sitzt. Es zieht ihn weg von Wien. Sein Ziel heißt München. Was ihn dazu letztlich motiviert, ist nicht ganz klar. Möglicherweise ist es die Aura der Kultur- und Musenstadt, die den Kunstmaler auf neue Lebenschancen hoffen lässt. Vielleicht erfüllt der Wegzug noch einen weiteren Zweck, nämlich dem Wehrdienst in der k.u.k. Armee zu entkommen. Denn er will partout nicht für den verhassten Habsburgerstaat ins Feld ziehen.

Seinem Plan kommt die Ausbezahlung des väterli-

9. Im Wiener Sinnloch

chen Erbteils zupass, das ihm nach Vollendung des 24. Lebensjahres jetzt zusteht. Am 16. Mai 1913 schickt ihm das Linzer Bezirksgericht auf dem Postweg rund 820 Kronen.

Am 24. Mai verlässt Hitler mit dem Zug die Kaiserstadt Wien. Bei sich hat er lediglich eine abgewetzte Reisetasche, in der sein armseliger Besitz verpackt ist. Im Rückblick verklärt er die Flucht nach München:

Ich musste hinaus in das große Reich, das Land meiner Träume und meiner Sehnsucht.[78]

Gleichzeitig erhält sein Wienbild eine durch und durch negative Färbung. Die Erinnerung an die Wiener Zeit ist eine seelische Belastung:

Wien die Stadt, die so vielen als Inbegriff harmloser Fröhlichkeit gilt, als festlicher Raum vergnügter Menschen, ist für mich leider nur die lebendige Erinnerung an die traurigste Zeit meines Lebens.

Auch heute noch kann diese Stadt nur trübe Gedanken in mir erwecken. Fünf Jahre Elend und Jammer sind im Namen dieser Phäakenstadt für mich enthalten.[79]

10. Lebenslange Nachwirkung

„*Wer nicht leiden will, muss hassen.*"
(Horst Eberhard Richter)

Der Ortswechsel ändert an Hitlers persönlicher Situation zunächst wenig. Genauso wie in Wien besteht sein Leben weitgehend aus dem Malen und Vermarkten von Postkartenbildern, die meist über die Kunsthandlung Stuffle am Maximiliansplatz an den Kunden gebracht werden.

Die Einnahmen reichen aus, um sich genügsam zu ernähren, die Miete für das möblierte Zimmer beim Schneidermeister Popp in der Schleißheimer Straße zu bezahlen und ab und an ein Schwabinger Caféhaus zu besuchen. Besonders gern übrigens das Café Stefanie an der Ecke Amalienstraße/Theresienstraße, im Volksmund *Café Größenwahn* genannt.

Aufregung kommt in Hitlers beschauliches Leben, als er im Januar 1914 aufs österreichische Konsulat zitiert und dort aufgefordert wird, sich in seinem Heimatland mustern zu lassen. Die Musterung findet am 5. Februar im nahen Salzburg statt und endet dank seiner argumentativen Raffinesse mit einem für ihn günstigen Urteil. Er wird für waffenunfähig befunden und vom Militärdienst zurückgestellt. Erleichtert kehrt er nach München zurück und setzt seine Künstlerexistenz fort.

Ein paar Monate später verändert ein einschneidendes Ereignis seine Seele und sein Leben. Es ist der erste Tag im August 1914. Deutschland tritt in den Ersten Weltkrieg ein. Eine kollektive Kriegsbegeisterung macht

10. Lebenslange Nachwirkung

sich breit und erfasst auch den bisher wehrunwilligen Hitler. Das perspektivlose Leben bekommt für ihn jetzt einen Sinn. Er möchte seinem geliebten Deutschen Reich zum Sieg verhelfen. Konsequent meldet er sich freiwillig für den Kriegsdienst. Nach einer kurzen militärischen Ausbildung fährt er mit dem Infanterieregiment Nr. 16 an die Front in Flandern. Später berichtet er darüber pathetisch:

Und so kam endlich der Tag, an dem wir München verließen, um anzutreten zur Erfüllung unserer Pflicht. Zum ersten Male sah ich so den Rhein, als wir an seinen stillen Wellen entlang dem Westen entgegenfuhren, um ihn, den deutschen Strom der Ströme, zu schirmen vor der Habgier des alten Feindes. Als durch den zarten Schleier des Frühnebels die milden Strahlen der ersten Sonne das Niederwalddenkmal auf uns herabschimmern ließen, da brauste aus dem endlos langen Transportzuge die alte Wacht am Rhein in den Morgenhimmel hinaus, und mir wollte die Brust zu enge werden.

Und dann kommt eine feuchte, kalte Nacht in Flandern, durch die wir schweigend marschieren, und als der Tag sich dann aus den Nebeln zu lösen beginnt, da zischt plötzlich ein eiserner Gruß über unsere Köpfe uns entgegen und schlägt in scharfem Knall die kleinen Kugeln zwischen unsere Reihen, den nassen Boden aufpeitschend; ehe aber die kleine Wolke sich noch verzogen, dröhnt aus zweihundert Kehlen dem ersten Boten des Todes das erste Hurra entgegen. Dann aber begann es zu knattern und zu dröhnen, zu singen und zu heulen, und mit fiebrigen Augen zog es nun jeden nach vorne, immer schneller, bis plötzlich über Rübenfelder und Hecken hinweg der Kampf einsetzte, der Kampf Mann gegen Mann.

10. Lebenslange Nachwirkung

Aus der Ferne aber drangen die Klänge eines Liedes an unser Ohr und kamen immer näher und näher, sprangen über von Kompanie zu Kompanie, und da, als der Tod gerade geschäftig hineingriff in unsere Reihen, da erreichte das Lied auch uns, und wir gaben es nun wieder weiter: Deutschland, Deutschland über alles, über alles in der Welt! Nach vier Tagen kehrten wir zurück. Selbst der Tritt war jetzt anders geworden. Siebzehnjährige Knaben sahen nun Männern ähnlich.[80]

Der Krieg bewirkt bei Hitler Therapeutisches. Er befreit ihn aus der traurigen Selbstzentrierung. Im Gegensatz zu vielen seiner Kameraden fühlt er sich ausgesprochen wohl. Für Deutschland zu kämpfen ist ihm eine Ehre und erfüllt seine Seele.

Die militärische Ordnung und die soldatische Gemeinschaft geben ihm inneren Halt. Gehorsamsbereit, pflichteifrig, kameradschaftlich und tapfer verrichtet er seinen Dienst. Seine Vorgesetzten schätzen ihn und verleihen ihm zweimal einen Tapferkeitsorden. Allerdings befördern sie ihn nur einmal, da sie ihn nicht für führungsbegabt halten.

Als der Große Krieg zu Ende ist, kehrt der zweimal verwundete Gefreite Adolf Hitler nach München zurück. Dort steht er weiterhin in Diensten der Reichswehr. Er ist darüber froh, denn das Militär gibt ihm Sicherheit und Brot.

Die brotlose Tätigkeit des Kunstmalers nimmt er nicht wieder auf, obwohl er während des Krieges in den Kampfpausen gern Zeichnungen und Aquarelle angefertigt hat. Anscheinend so gut, dass ihn seine Kombattanten ermutigt haben, sich erneut für die Zulassung zu einem Kunststudium zu bewerben. Doch aus dem Bild-

10. Lebenslange Nachwirkung

künstler wird ein Wortkünstler. Denn inzwischen haben seine Vorgesetzten sein rednerisches Talent entdeckt. Er erhält eine spezielle Ausbildung zum Propagandisten und ein darauf aufbauendes neues Betätigungsfeld. Seine Aufgabe ist es jetzt, Soldaten in Vorträgen gegen den bolschewistischen Bazillus zu immunisieren. Die Besucher seiner Veranstaltungen sind von seiner Redekunst fasziniert.

Wie sich die Geburt des Redners Adolf Hitler aus seiner Sicht zutrug, schildert er später in seiner Autobiografie:

Ich sprach dreißig Minuten, und was ich früher, ohne es irgendwie zu wissen, einfach innerlich gefühlt hatte, wurde nun durch die Wirklichkeit bewiesen: ich konnte reden! Nach dreißig Minuten waren die Menschen in dem kleinen Raum elektrisiert.[81]

Während dieser Zeit kommt Adolf Hitler in Kontakt mit der nationalradikalen Szene und wird Mitglied der Deutschen Arbeiterpartei DAP, für die er sofort als Redner tätig wird. Binnen kurzer Zeit gelangt er an die Spitze der inzwischen zur Nationalsozialistischen Partei Deutschlands NSDAP umbenannten Organisation. Er trimmt sie auf die Grundziele seiner politischen Weltanschauung: antisemitisch, antidemokratisch und antikapitalistisch.

Aus dem Niemand ist endgültig ein Jemand geworden: der Politiker Adolf Hitler, aufgestiegen aus dem Dunkel der Vergangenheit ins Rampenlicht der politischen Bühne. Besonders befriedigt ihn, dass der *vollständigen Nichtbeachtung*, unter der er *am meisten damals litt*, ein Ende bereitet worden ist.[82] Endlich hat er das Gebiet gefunden, wo ihm Erfolgserlebnisse zuteil werden, die sein seelisches Konto ins Plus bringen.

10. Lebenslange Nachwirkung

Diese neue Rolle, die er virtuos ausfüllt, ist Adolf Hitler auf den Leib geschnitten. Er spielt sie in Bierhallen und im großen Rund des Zirkus Krone. Intuitiv erspürt er, was das Publikum hören will. Es bereitet ihm ungemein viel Lust, in der Masse Hass zu erzeugen und diesen auf Hassobjekte zu lenken. Seine Sprache wird immer mehr zur die niedrigen Instinkte ansprechenden Wolfssprache. Und seine Worte werden zu Waffen.

Mit diabolischer Raffinesse fasziniert er seine Zuhörer und versetzt sie in Ekstase. Ihm widerfahren dabei Glücksgefühle, die er in diesem Maße bisher nicht erlebt hat.

Er registriert, wie er zur Projektionsfläche vieler Heilserwartungen wird. Mit einfachen Rezepten zeigt er auf, wie Elend und Leid überwunden werden können. Und er träumt mit seinem Publikum immer und immer wieder den Traum von der Wiedergeburt nationaler Größe und Stärke.

Kurt Lüdecke, ein damaliger Gefolgsmann, beschreibt die psychologischen Wirkungen, die von Adolf Hitlers Demagogie ausgingen:

Augenblicklich waren meine kritischen Fähigkeiten ausgeschaltet ... Ich weiß nicht, wie ich die Gefühle beschreiben soll, die mich überkamen, als ich diesen Mann hörte. Seine Worte waren wie Peitschenschläge. Wenn er von der Schande Deutschlands sprach, fühlte ich mich imstande, jeden Gegner anzuspringen. Sein Appell an die deutsche Mannesehre war wie ein Ruf zu den Waffen, die Lehre, die er predigte, eine Offenbarung. Er erschien mir wie ein zweiter Luther. Ich vergaß alles über diesen Mann. Als ich mich umschaute, sah ich, dass seine Suggestivkraft die Tausende in Bann hielt wie einen

10. Lebenslange Nachwirkung

Einzigen. Natürlich war ich reif für dieses Erlebnis. Ich war ein Mann von 32, der Enttäuschungen und des Unbehagens müde, auf der Suche nach einem Lebensinhalt, ein Patriot, der kein Betätigungsfeld fand, der sich für das Heldische begeisterte, aber keinen Helden hatte. Die Willenskraft dieses Mannes, die Leidenschaft seiner ehrlichen Überzeugung schienen auf mich überzuströmen. Ich hatte ein Erlebnis, das sich nur mit einer religiösen Bekehrung vergleichen ließ.[83]

Diese Erfolge der frühen zwanziger Jahre lassen ihn nach noch mehr Macht streben, ja sie machen ihn machthungrig. Jetzt sieht er sich nicht mehr nur als Trommler in nationaler Mission. Er nimmt sich Benito Mussolini zum Vorbild, der im Jahre 1922 den Marsch auf Rom inszeniert hat und zum Führer Italiens geworden ist. Sein Kampfgefährte Hermann Esser spricht dieses Ziel am 3. November 1922 auf einer NSDAP-Veranstaltung im Hofbräuhaus sehr konkret aus: *Deutschlands Mussolini heißt Adolf Hitler.*[84]

Das neue Sendungsbewusstsein lässt Adolf Hitler übermütig und ungeduldig werden. Möglichst rasch möchte er das Ziel seines Machtstrebens erreichen. Und so plant er machtbesessen, aber sehr dilettantisch einen Putsch, der am 8. November 1923 nach einem Feuergefecht auf dem Münchner Odeonsplatz kläglich scheitert. Adolf Hitler wird verhaftet, und die NSDAP wird verboten. Schon wieder ist ein Traum zu Ende. Der Visionär fällt erneut in ein Sinnloch und denkt an Suizid. Doch relativ schnell erholt er sich, unterstützt und ermutigt durch seine Kampfgefährten und Gefolgsleute.

Im Münchner Hochverratsprozess, der im Februar/März 1924 stattfindet, tritt er bereits wieder mit einem

10. Lebenslange Nachwirkung

hohen Maß an Selbstbewusstsein auf. Er kann im Gerichtssaal agieren, wie er will. Dem Vorsitzenden Richter Georg Neithardt, der Adolf Hitlers Rhetorik und Taktik nicht gewachsen ist, nimmt er immer wieder die Gesprächsleitung aus der Hand. Mit arroganter Attitüde erhebt er sich über das Gericht:

Mögen Sie uns tausendmal schuldig sprechen, die Göttin des ewigen Gerichtes der Geschichte wird lächelnd den Antrag des Staatsanwaltes und das Urteil des Gerichtes zerreißen; denn sie spricht uns frei.[85]

Zum Entsetzen der demokratischen Öffentlichkeit enthält der Strafantrag des Ersten Staatsanwalts Ludwig Stenglein auch Wertschätzendes über den Angeklagten:

Hitler ist ein hochbegabter Mann, der aus einfachen Verhältnissen heraus sich eine angesehene Stellung im öffentlichen Leben errungen hat, und zwar in ernster und harter Arbeit. Er hat sich den Ideen, die ihn erfüllte, bis zur Selbstaufopferung hingegeben und als Soldat in höchstem Maße seine Pflicht getan. Daß er die Stellung, die er sich schuf, eigennützig ausnützte, kann ihm nicht zum Vorwurf gemacht werden. [86]

Für dieses Gerichtsverfahren hat übrigens sein Klassenlehrer Dr. Eduard Huemer auf Bitte des Verteidigers Dr. Lorenz Roder eine gutachtliche Stellungnahme aus pädagogischer Sicht verfasst:

Hitler war entschieden begabt, wenn auch einseitig, hatte sich aber wenig in der Gewalt, zumindest galt er auch für widerborstig, eigenmächtig, rechthaberisch und jähzornig, und es fiel ihm sicherlich schwer, sich in den Rahmen der Schule zu fügen. Er war auch nicht fleißig; denn sonst hätte er bei seinen unbestreitbaren Anlagen viel bessere Erfolge erzielen müssen. Hitler war

10. Lebenslange Nachwirkung

nicht nur ein flotter Zeichner, sondern wusste auch in den wissenschaftlichen Fächern Entsprechendes zu leisten, nur pflegte seine Arbeitslust sich immer rascher zu verflüchtigen. Belehrungen und Mahnungen seiner Lehrer wurden nicht selten mit schlecht verhülltem Widerwillen entgegengenommen, wohl aber verlangte er von seinen Mitschülern unbedingte Unterordnung, gefiel sich in der Führerrolle und leistete sich auch allerdings manch weniger harmlosen Streich, wie solche unter unreifen Jungen nicht selten sind. – Hitler scheint etwas von den Karl-May- und Indianergeschichten angekränkelt gewesen zu sein, und der vielleicht allzu reichliche Betrieb dieser Lektüre und das müßige Schlendern von und nach seiner entlegenen Behausung in Leonding mit den unvermeidlichen Begleiterscheinungen solcher Zeitvergeudung dürften hauptsächlich Schuld daran gewesen sein, dass er einen Durchschnittsschüler kaum überragte.

Doch wie die Erfahrung immer wieder lehrt, beweist die Schule nicht viel fürs Leben, und während die Musterknaben gar oft spurlos darin untertauchen, entwickeln sich die „Schulrangen" erst, sobald sie die für sie nötige Ellbogenfreiheit erlangt haben. Von dieser Gattung scheint mir auch mein ehemaliger Schüler Hitler zu sein, dem ich nur von Herzen wünsche, dass er sich von den Strapazen und Aufregungen der letzten Zeit bald erholen und doch noch die Erfüllung jener Ideale erleben möchte, die er im Busen hegt und die ihm – wie jedem wahrhaft deutschen Manne – nur zur Ehre gereichen würden.[87]

Am 1. April 1924 verkündet Neithardt, der genauso wie der Staatsanwalt auch Lobenswertes an Hitler findet, das Urteil. Adolf Hitler erhält lediglich die Mindeststrafe

10. Lebenslange Nachwirkung

von fünf Jahren Festungshaft in Landsberg mit der Aussicht auf Begnadigung bei guter Führung nach sechs Monaten sowie eine Geldbuße von 200 Goldmark. Darüber hinaus lehnt das Gericht seine Ausweisung aus Deutschland ab, weil er viereinhalb Jahre im Deutschen Heer gedient hat und *so deutsch denkt und fühlt*[88].

Von den fünf Jahren Haft, zu der Adolf Hitler verurteilt wird, muss er nur einen geringen Teil absitzen. Am 20. Dezember 1924 wird er auf Bewährung vorzeitig entlassen. Die Haftzeit bezeichnet er als wertvoll, da er sie genutzt hat, um den ersten Band von *Mein Kampf* zu schreiben. In diesem Buch zeichnet er verklärend seinen bisherigen Lebensweg nach, erzählt die Geschichte der nationalsozialistischen Bewegung und legt seine Rassenideologie dar.

In *Mein Kampf* berichtet Adolf Hitler auch Schulbiografisches. Aus der Art und Weise, wie er dies tut, lässt sich ersehen, dass die seelischen Wunden seiner Schulzeit immer noch nicht verheilt sind. Wie es den Tatsachen entspricht, beschreibt er sich als leistungsstarken Volksschüler, dem das Lernen leicht gefallen ist. Dass in der Realschule ein Leistungsabsturz erfolgt ist, schwächt er ab. Er sei zwischen den Notenextremen hin und her gependelt. Für ihn gibt es hierfür nur eine Ursache: Für den Vater ist die Realschule nur ein Mittel zum Erreichen des Beamtenstatus gewesen. Aus Widerstand gegen diese Fremdbestimmung habe er die Leistung verweigert. Sein Versagen sei eine von ihm bewusst gewollte Verhinderung der väterlichen Zukunftsplanung, in welcher für ihn die Berufsrolle des Beamten und nicht die des Künstlers festgelegt worden ist.

Ich glaubte, dass, wenn der Vater erst den mangelnden

10. Lebenslange Nachwirkung

Fortschritt in der Realschule sähe, er gut oder übel eben doch mich meinem erträumten Glück würde zugehen lassen.[89]

Ebenfalls biegt er sich den Schulabbruch in seinem Sinne zurecht. Er macht die Leser glauben, dass ein Lungenleiden die Fortsetzung seiner Schullaufbahn verhindert habe.

Da kam mir plötzlich eine Krankheit zu Hilfe und entschied in wenigen Wochen über meine Zukunft und die dauernde Streitfrage des väterlichen Hauses. Mein schweres Lungenleiden ließ einen Arzt der Mutter auf das dringendste anraten, mich später einmal unter keinen Umständen in ein Büro zu geben. Der Besuch der Realschule mußte ebenfalls auf mindestens ein Jahr eingestellt werden.

Was ich so lange im Stillen ersehnt, für was ich immer gestritten hatte, war nun durch dieses Ereignis mit einem Male fast von selber zur Wirklichkeit geworden. Unter dem Eindruck meiner Erkrankung willigte die Mutter endlich ein, mich später aus der Realschule nehmen zu wollen und die Akademie besuchen zu lassen.[90]

Auch sein Prüfungsversagen an der Kunstakademie wird anders dargestellt, als es sich tatsächlich zutrug. Vor allem unterschlägt er, dass er auch ein zweites Mal versagt hatte.

In seinem politischen Grundlagenwerk lässt Adolf Hitler kein gutes Haar am Schulsystem und an dessen Lehrkräften. Mit einer Ausnahme: Geschichtslehrer Dr. Leopold Poetsch. Dieser Pädagoge wird über die Maßen gewürdigt:

Noch heute erinnere ich mich mit leiser Rührung an den grauen Mann, der uns im Feuer seiner Darstellung

10. Lebenslange Nachwirkung

manchmal die Gegenwart vergessen ließ, uns zurückzauberte in vergangene Zeiten und aus dem Nebelschleier der Jahrtausende die trockene geschichtliche Erinnerung zur lebendigen Wirklichkeit formte. Wir saßen da, oft zu heller Glut begeistert, mitunter zu Tränen gerührt. Das Glück war umso größer, als dieser Lehrer es verstand, aus Gegenwart Vergangenes zu erleuchten, aus Vergangenheit aber die Konsequenzen für die Gegenwart zu ziehen. So brachte er denn auch, mehr als sonst einer Verständnis auf für all die Tagesprobleme, die uns damals in Atem hielten. Unser kleiner nationaler Fanatismus war ihm ein Mittel zu unserer Erziehung, indem er, öfter als einmal, an das nationale Ehrgefühl appellierend, dadurch allein uns Rangen schneller in Ordnung brachte, als dies durch andere Mittel möglich gewesen wäre.[91]

Der Gewürdigte erhält später davon Kenntnis und bittet Adolf Hitler in einem Brief um die Zusendung der ihn betreffenden Textstelle. Dabei weist er darauf hin, dass er in *Mein Kampf* fälschlicherweise den Vornamen Ludwig trägt.

    Adolf Hitler ist über die Kontaktaufnahme sehr erfreut. Er schickt Dr. Poetsch zwei Exemplare, eines in Prachtausgabe mit persönlicher Widmung. Außerdem legt er der Sendung ein warmherziges Begleitschreiben bei:

10. Lebenslange Nachwirkung

Hochverehrter Herr Schulrat,
von einer Reise zurückkehrend, finde ich Ihre Zeilen vom 20. Juni vor. Sie können sich kaum vorstellen, welche Freude Sie mir mit diesen gemacht haben. Riefen Sie mir doch mit einem Schlag die Erinnerungen an die Jugendjahre wach und an die Stunden bei einem Lehrer, dem ich unendlich viel verdanke, ja, der mir zum Teil die Grundlage gegeben hat für den Weg, den ich inzwischen zurücklegte.
Statt der erbetenen Abschrift aus meinem Buche, lasse ich Ihnen dieses selbst zugehen; Sie werden die betreffende Stelle zu Beginn des ersten Bandes finden. Bei einer Neuauflage desselben wird Ihr Vorname selbstverständlich berichtigt.
Mit herzlichen Grüssen und dem Ausdruck meiner Verehrung
Adolf Hitler[92]

Die Schule beschreibt Adolf Hitler als lebensfernen Ort der Verkopfung. Ihm schwebt eine Schule vor, in der nicht die Wissensvermittlung im Mittelpunkt steht, sondern die körperliche Ertüchtigung und die Charakterbildung. Was er als Schüler ungern getan hat, soll den Schülern im völkischen Staat erspart bleiben. Was ihm Spaß gemacht hat, soll das dominierende Fach werden. Und die körperlichen Strafen, mit denen sein Vater ihn gezüchtigt hat, empfiehlt er als notwendiges Erziehungsmittel:

Vor allem aber der junge, gesunde Knabe soll auch Schläge ertragen lernen. Das mag in den Augen unserer heutigen Geisteskämpfer natürlich als wild erscheinen. Doch hat der völkische Staat eben nicht die Aufgabe, eine Kolonie friedsamer Ästheten und körperlicher De-

10. Lebenslange Nachwirkung

generaten aufzuzüchten. Nicht im ehrbaren Spießbürger oder tugendsamen alten Jungfer sieht er sein Menschheitsideal, sondern in der trotzigen Verkörperung männlicher Kraft und in Weibern, die wieder Männer zur Welt zu bringen vermögen.[93]

Die Schule soll nach seinen Vorstellungen zum Volkserziehungsinstrument werden, das den Heranwachsenden die nationalsozialistische Ideologie einhämmert und sie kriegstüchtig macht.

Nach dem Ende der Landsberger Festungshaft dauert es nicht lange, bis Adolf Hitlers NSDAP neu gegründet werden darf. In den folgenden Jahren baut er seine Führungsposition aus, und er verändert seine Strategie. Sein Ziel, Führer aller Deutschen zu werden, möchte er nicht mehr durch einen nationalrevolutionären Umsturz erreichen, sondern durch Wahlsiege – auf legalem Weg mit den Mitteln der Demokratie. Zunächst sieht es nicht danach aus. Bis Ende der zwanziger Jahre sind die Nationalsozialisten in den Parlamenten großenteils nur schwach vertreten. Doch dann kommt 1929 Adolf Hitlers Strategie eine ökonomisch-seelische Katastrophe entgegen: die Weltwirtschaftskrise. Diese erzeugt in Deutschland eine verheerende Bankrottwelle, Massenarbeitslosigkeit und eine Finanzkrise des Staates.

Adolf Hitler macht sich die Wirtschaftskrise skrupellos zunutze. Er predigt Hass und verheißt Rettung aus der Depression. Mit wütenden propagandistischen Angriffen bekämpft er die politischen Gegner und das System der Weimarer Republik. 1932 wird die NSDAP stärkste Fraktion im Reichstag. Und sie erhebt den Anspruch auf die Kanzlerschaft Adolf Hitlers. Der greise Reichspräsident Paul von Hindenburg wehrt dieses Ansinnen

10. Lebenslange Nachwirkung

zunächst ab. Er will dem *böhmischen Gefreiten* nicht dieses Amt anvertrauen. Doch sein Widerstand währt nicht lange.

In Kooperation mit nationalkonservativen Kreisen gelingt der NSDAP der entscheidende machtpolitische Schachzug: Es wird eine Koalitionsregierung gebildet, der nur zwei nationalsozialistische Minister angehören, die aber unter der Führung Adolf Hitlers steht. Die Mehrheit der Minister besteht aus Konservativen, die der Überzeugung sind, Hitler so im Griff zu haben, dass er keinen politischen Schaden anrichten kann. Unter diesen Voraussetzungen ernennt ihn am 30.1.1933 der Reichspräsident zum Reichskanzler. Weder Adolf Hitler noch seine Gefährten haben mit diesem schnellen Erfolg gerechnet. Josef Goebbels vermerkt in seinem Tagebuch: *Hitler ist Reichskanzler. Wie im Märchen!*[94]

Am 10.2.1933 wendet sich der Reichskanzler im Berliner Sportpalast direkt an das Deutsche Volk. Er verspricht an diesem Tag nichts, sondern seine pathetische Rede kulminiert in einer zentralen Bitte:

Deutsches Volk! Gib uns vier Jahre Zeit, dann richte und urteile über uns.

Deutsches Volk, gib uns vier Jahre, und ich schwöre dir, so wie wir und so wie ich in dieses Amt eintrete, so will ich dann auch gehen.[95]

Der naive Glaube der nationalkonservativen Kabinetts- und Bündnispartner, man werde Adolf Hitler in Schach halten, wird rasch Lügen gestraft. Mit Raffinesse und aggressiven Einschüchterungs- und Erpressungsmethoden steigen die Nationalsozialisten auf zum Gipfel der Macht. Am 23.3.1933 erfolgt der entscheidende Schritt: das Ermächtigungsgesetz. Der Reichstag übergibt gegen

10. Lebenslange Nachwirkung

die Stimmen der Sozialdemokraten und in Abwesenheit der bereits verhafteten kommunistischen Abgeordneten die gesamte Staatsgewalt an Adolf Hitler. Kurze Zeit später zerschlägt er die Gewerkschaften und verbietet die Oppositionsparteien.

Die Grundrechte werden außer Kraft gesetzt und alle gesellschaftlichen Einrichtungen den Zielen des Nationalsozialismus angepasst. Wer es jetzt wagt, dagegen Widerstand zu leisten, wird im Konzentrationslager inhaftiert gemäß Adolf Hitlers Devise: *Wer sich nicht bekehren lässt, muss gebeugt werden.*[96]

Im Gefolge der Ernennung zum Reichskanzler hat Adolf Hitler viele Glückwünsche aus seiner österreichischen Heimat erhalten. Unter anderem auch von seinem ehemaligen und einzigen Freund August Kubizek, dem bewusst geworden ist, dass Adolf Hitlers Rienzi-Traum nun Wirklichkeit ist. Die Antwort lässt einige Zeit auf sich warten, da der Reichskanzler voll und ganz mit der Machtergreifung beschäftigt ist. Am 4. August 1933 nimmt sich der Jugendfreund endlich Zeit für eine Antwort:

Mein lieber Kubizek!

Erst heute wird mir Dein Brief vom 2. Februar vorgelegt. Bei den Hunderttausenden von Schreiben, die ich seit dem Januar erhielt, ist es nicht verwunderlich. Umso größer war meine Freude, zum erstenmal nach so vielen Jahren eine Nachricht über Dein Leben und Deine Adresse zu erhalten. Ich würde sehr gerne – wenn die Zeit meiner schwersten Kämpfe vorüber ist – einmal persönlich die Erinnerung an diese schönsten Jahre meines Lebens wieder wachrufen. Vielleicht wäre es möglich, dass Du mich besuchst. Dir und Deiner Mutter al-

10. Lebenslange Nachwirkung

les Gute wünschend bin ich in Erinnerung an unsere alte Freundschaft
Dein Adolf Hitler e. h.[97]

Beflügelt vom Erfolg und rasch wachsender Zustimmung setzt Adolf Hitler den Ausbau seiner diktatorischen Machtstellung fort. Im Jahre 1934 lässt er in einer Nacht der langen Messer (30.6./1.7.) innerparteiliche und außerparteiliche Gegner, darunter den SA-Chef Ernst Röhm, liquidieren. Ein paar Wochen später stirbt der Reichspräsident Paul von Hindenburg, worauf zum einen Adolf Hitler den Oberbefehl über die Reichswehr erhält und zum anderen das Amt des Reichspräsidenten auf ihn übergeht. Der Diktator trägt nun stolz den Titel *Führer und Reichskanzler*.

Getreu dem, was in *Mein Kampf* steht und was er in seinen unzähligen Reden angekündigt hat, gestaltet er die Politik der nächsten Jahre. Mit den Nürnberger Gesetzen beginnt die Entrechtung und Verfolgung der Juden in Deutschland. Mit der Wiedereinführung der Wehrpflicht 1935 und mit der Rheinlandbesetzung im März 1936 wird der Versailler Vertrag provokativ demontiert. Letzteres tut er wohl wissend, dass dieses Spiel auch misslingen kann.

Und mit der Ausrichtung der Volkswirtschaft auf Kriegsvorbereitung wird deutlich, dass er Deutschland größer machen möchte, als es zurzeit ist.

Kriegsvorbereitend wird auch das Schulwesen umstrukturiert. Die Schüler bekommen die aggressive NS-Ideologie eingebläut und werden körperlich fit gemacht fürs soldatische Kämpfen. Die Schule wird zur Vorstufe des Wehrdienstes. Sport wird zum Schwerpunktfach mit

10. Lebenslange Nachwirkung

fünf Wochenstunden. Dies entspricht voll und ganz dem, was Adolf Hitler sich wünscht:

Meine Pädagogik ist hart. Das Schwache muss weggehämmert werden. Stark und schön will ich meine Jugend, herrisch und unerschrocken. Das freie, herrliche Raubtier muss aus ihren Augen blitzen. So merze ich die Jahre der menschlichen Domestikation aus, so habe ich das reine, edle Material der Natur vor mir.[98]

Dass das Streben nach guten Noten nicht im Mittelpunkt der Erwartungen des Führers steht, gefällt vielen Schülern. Gerne konterkarieren sie die elterliche Kritik an schlechter Lernmotivation mit folgendem Argument:

Der Führer hat auch nichts gelernt und ist trotzdem Führer geworden.[99]

Dass ein ehemaliger Schüler namens Adolf Hitler zum mächtigsten Mann Deutschlands geworden ist, fasziniert die Linzer Realschule. Im Jahre 1937 wird deshalb für den Führer eine Sammlung von Fotos zusammengestellt, auf denen die ehemaligen Mitschüler und Lehrer zu sehen sind.

Hitler ist über die Grüße aus Linz sehr erfreut. Zum Dank lädt er seinen ehemaligen Klassenlehrer Dr. Eduard Huemer nach Berlin ein, wo dieser im Hotel Adlon logieren darf. Er sieht den Führer am 30.4.1937 in der Propaganda-Ausstellung *Gebt mir vier Jahre Zeit* und wird von ihm im weiteren Verlauf des Tages zu einer Privataudienz empfangen.

Tags darauf kommt es zu einer weiteren Begegnung. Für den Schulversager Adolf Hitler ist es eine immense Genugtuung, einem Vertreter seiner alten Linzer Lehrerschaft vor Augen zu führen, was aus ihm, dem Schulversager, geworden ist. Dr. Huemer ist von der Begegnung

10. Lebenslange Nachwirkung

mit seinem ehemaligen Schüler überwältigt. Er schreibt darüber einen Artikel, dessen Fazit lautet:

Wir Oberösterreicher dürfen wahrlich stolz sein auf unseren großen Landsmann, dem der Allmächtige seinen gnädigen Schutz auch weiterhin gewähren möge, zum Wohle des deutschen Volkes, zum Heile der Welt![100]

Adolf Hitlers Beziehung zur alten Heimat beschränkt sich nicht auf den Empfang von Ergebenheitsadressen und Besuchern. Eines seiner zentralen außenpolitischen Ziele ist es, den großdeutschen Traum zu verwirklichen, den er schon während seiner Linzer Realschulzeit zusammen mit seinen Klassenkameraden geträumt hat.

Mit zunehmendem Druck und massiver Drohung betreibt er die Zielerreichung. Am 12.3.1938 ist es so weit. Deutsche Soldaten rücken in Österreich ein und besetzen es, ohne dass Widerstand geleistet wird. Im Gegenteil: Sie werden begrüßt wie Befreier.

Frenetisch ist der Jubel, als Adolf Hitler am Abend desselben Tages in seine Heimatstadt Linz einzieht, die er einst als Schulabbrecher verlassen hat, um in Wien Kunst zu studieren. Am nächsten Tag begibt er sich nach Leonding, wo er sich vor dem Grab seiner Eltern verneigt. Anschließend kommt es noch zu einer kurzen Begegnung mit seinem ehemaligen Vormund Josef Mayrhofer und dem Bäckermeister Wilhelm Hagmüller, der als Kostschüler eine Zeitlang in der Familie Hitler ein und ausging.

Am 14. März zieht er mit seiner Entourage weiter nach Wien, wo er depressive Jahre verbracht hat. Dort wird der einst erfolglos am Rande der Gesellschaft Vegetierende von einer riesigen, ihn hysterisch feiernden

10. Lebenslange Nachwirkung

Die triumphale Rückkehr des Schulversagers – Wien 1938

Menschenmenge begrüßt. Auf dem Heldenplatz verkündet er die Erledigung eines historischen Auftrags:

Als Führer und Reichskanzler der deutschen Nation und des Reiches melde ich vor der Geschichte nunmehr den Eintritt meiner Heimat in das Deutsche Reich.[101]

Der erfolgreiche Held ist nach dem Anschluss sehr drauf bedacht, über seinen schulischen Misserfolg den Schleier der Vergessenheit zu breiten. Deshalb erhält die Gestapo während des Einmarsches, wie eingangs bereits geschildert, den Auftrag, seine Schulakten schleunigst zu konfiszieren und zu vernichten. Mit einiger Sicherheit kann man annehmen, dass dies geschehen musste, weil er in *Mein Kampf* sein Schulversagen verfälscht dargestellt hat.

Adolf Hitler holt nicht nur seine Heimat, von jetzt an Ostmark, ins Reich, sondern auch das Sudetenland.

10. Lebenslange Nachwirkung

Ein Jahr später zerschlägt er die Rest-Tschechei und bildet daraus das Protektorat Böhmen und Mähren. Und am 22. März 1939 übergibt die litauische Regierung das Memelgebiet auf seinen massiven Druck hin an Deutschland.

Aufgrund dieser berauschenden Erfolge sieht sich Adolf Hitler nicht mehr allein als Volksführer, sondern als Eroberer. Aus seinem Machthunger wird ein Heißhunger, den er außerhalb der neuen Reichsgrenzen befriedigen möchte.

Obwohl seine Kriegsvorbereitungen alle Energien okkupieren, findet er immer mal wieder Zeit, sich mit einem Projekt zu beschäftigen, das ihn seit seiner jugendlichen Traumzeit animiert: die Umgestaltung von Linz. Er ernennt es zur Führerstadt. Sie soll Kulturmetropole des Dritten Reiches werden mit Prachtstraßen, Prunkbauten und der größten Kunstgalerie aller Zeiten. Als er anlässlich einer hierzu notwendigen Planungssitzung im Frühjahr 1939 in Linz weilt, beschließt er spontan, seine alte Volksschule in Fischlham zu besuchen. Jenen Ort, an dem er Musterschüler gewesen ist und das Lernen ihm extrem leicht fiel:

Ich hörte dort, als ich in der untersten Klasse war, schon immer bei den Schülern der zweiten Klasse mit, und später bei der dritten und vierten.[102]

Am Besuchstag, es ist der 12. Juni 1939, befindet sich Adolf Hitler in einer manischen Stimmung. Er nimmt auf der Schulbank Platz, auf der er einstmals saß. Er kauft das Schulgebäude und ordnet seine Renovierung an. Und er lädt alle Schülerinnen und Schüler, das Lehrerkollegium sowie den Bürgermeister auf den Obersalzberg bei

10. Lebenslange Nachwirkung

Berchtesgaden ein, was 14 Tage später tatsächlich auch realisiert wird.

Darüber hinaus plant er für seinen alten Schulort eine voluminöse Umgestaltung mit vielen sozialen und kulturellen Einrichtungen. Alles in allem soll hierfür eine Million Reichsmark zur Verfügung gestellt werden. Alles zum Dank dafür, dass hier der Führer Schulprimus gewesen ist?

Der Fischlham-Plan wird nicht in die Tat umgesetzt, denn im Spätsommer des Jahres 1939 startet Adolf Hitlers Großprojekt: der Zweite Weltkrieg. Das nächste Objekt seiner unstillbaren Aggressivität ist Polen. In nur 18 Tagen werden die östlichen Nachbarn besiegt. Die Beute wird, wie im Hitler-Stalin-Pakt beschlossen, mit den Sowjets geteilt. Nur kurz währt die Kampfpause. Im Frühjahr 1940 führt der Führer mehrere Blitzkriege. Dänemark, Norwegen, die Beneluxländer und Frankreich kapitulieren.

Der Sieg über Frankreich ist für Adolf Hitler das kathartische Machterlebnis schlechthin. Er ist die Rache für die Versailler Demütigung. Der triumphalste Tag ist für ihn der 22. Juni 1940, als die Franzosen den Waffenstillstand unterzeichnen. In Wald von Compiègne im selben Eisenbahnwaggon, in dem 22 Jahre zuvor Deutschlands Kapitulation besiegelt wurde.

Die Kränkung der deutschen Kollektivseele erfährt eine nie erwartete Heilung. Im kleinen Kreis der den Sieg Feiernden kokettiert Adolf mit seinen mangelhaften Französischleistungen in der Realschule. Siegreich hat er die Sprachheimat seines verhassten Schulfaches geschlagen.

Nach dem Frankreichfeldzug möchte Adolf Hitler

10. Lebenslange Nachwirkung

England erobern. Zunächst in der Luft und dann durch eine Invasion, die den Decknamen Seelöwe trägt. Die Luftschlacht endet mit Remis, weshalb die Landung deutscher Truppen nicht möglich ist. Dieser Misserfolg bremst des Führers Machtstreben in keiner Weise. Seinen erobernden Blick konzentriert er nun voll und ganz auf den Osten, denn schon in *Mein Kampf* ist die Gewinnung von neuem Lebensraum ein primäres geopolitisches Ziel. Nach der Landung deutscher Truppen in Nordafrika im Februar 1941 und nach den erfolgreichen Blitzkriegen gegen Jugoslawien und Griechenland im Frühjahr 1941 beginnt der erste Schritt dorthin. Am 22.6.1941 greift Adolf Hitler die Sowjetunion an. Nach anfänglichen Erfolgen bleibt die Offensive kurz vor Moskau stecken, als der russische Winter einsetzt.

Überraschenderweise erklärt Adolf Hitler am 11.12.1941 an die USA ebenfalls den Krieg, nachdem der Bündnispartner Japan vier Tage zuvor die amerikanische Pazifikflotte in Pearl Harbour angegriffen hat. Er versteht dies als Solidaritätsbezeigung gegenüber Japan. Befürchtungen, dass die USA dadurch in Europa eingreifen könnten, teilt er nicht. Im Gegenteil: Nach seiner Einschätzung werden sich die Amerikaner im Pazifikkrieg verausgaben.

Das kommende Jahr erweist sich als nicht mehr so erfolgreich wie die Anfangsphase des Krieges. Zwar gibt es in Nordafrika und in Russland noch einzelne Siege, aber nicht mehr von solch expansivem Ausmaß. Das Blatt wendet sich deutlich negativ, als im Oktober 1942 Rommels Afrikakorps bei El Alamein geschlagen und im November die VI. Armee in Stalingrad umzingelt wird. Hitler lehnt einen Ausbruch ab und befiehlt, bis

10. Lebenslange Nachwirkung

zur letzten Patrone zu kämpfen. Am 2. 2. 1943 kapituliert die VI. Armee. Die Katastrophe an der Wolga wird zum Wendepunkt.

Nicht nur auf den Schlachtfeldern sterben Millionen, sondern auch hinter den Frontlinien. Dort kommt eine brutale Vernichtungsmaschinerie in Gang, angetrieben von der menschenverachtenden Ideologie des Nationalsozialismus. Zum einen werden Juden und im Sinne des braunen Rassismus minderwertige Ethnien ausgemerzt. Zum anderen wird das 1939 beschlossene Euthanasieprogramm verwirklicht: die Vernichtung von Geisteskranken und Geistigbehinderten.

Was sich jetzt an der Front und in den Konzentrationslagern abspielt, nimmt Adolf Hitler bewusst nicht mehr wahr. Den Großteil seiner Zeit verbringt er in der Wolfsschanze, im Führerhauptquartier in Ostpreußen. Dort zieht er seine politischen und militärischen Fäden. Der Schreibtischtäter scheut sich davor, die Folgen seines Tuns zu sehen: weder zerbombte Städte noch Verwundete.

In dieser wirklichkeitsfremden Abgeschiedenheit entwickelt Adolf Hitler ein merkwürdiges Eigenleben. Nur noch ein kleiner Kreis ihm höriger Militärs und Dienstpersonal umgibt ihn. Den Stress seiner destruktiven Arbeit verarbeitet er am Abend. Dann versammelt er einen engen Kreis um sich und pflegt bis zum frühen Morgen eine auf seine Art ungezwungene Kommunikation, die großenteils aus seinen Monologen besteht. Gesprochen wird nicht über die aktuelle militärische Lage, sondern es ist ein chaotischer Ritt durch verschiedene Themenfelder. Dabei fließt immer wieder seine Lebensgeschichte ein, unter anderem auch Erinnerungen und

10. Lebenslange Nachwirkung

Erfahrungen aus seinen frühen Lebensjahrzehnten. Auffällig sind dabei aggressive, despektierliche Auslassungen über Personengruppen, mit denen er einst in Konflikt geraten ist. Am schlechtesten kommen dabei die Lehrer weg. An die meisten Lehrer hat er *überwiegend unerfreuliche Erinnerungen*.[103] Diese beziehen sich zum einen auf ihr Äußeres: *schmutzig, dreckige Kragen, ungepflegte Bärte*.[104] Zum anderen stellt er ihrer Kompetenz ein mangelhaftes Zeugnis aus:

Wenn man sich das Lehrermaterial an den Schulen näher anschaut, muß man sagen, dass ein gewisser Prozentsatz davon irrsinnig war: Sie töteten die Kinderseele. Nur die paar anderen haben Erfolge! Wenn man sich vorstellt, dass so ein Mensch von Lehrer ein ganzes Leben soll abschließen können, dann darf man die Führung einer Nation nicht aufbauen auf der Basis der Schulzeugnisse. Dem Leben muß man die Möglichkeit geben zu korrigieren![105]

Das Fazit seiner Lehrer-Erfahrungen lautet klar und eindeutig:

Die Lehrer, ich kann sie nicht leiden. Die wenigen, die gut waren, bestätigen die Regel.[106]

Kein gutes Haar lässt er an den Hochschullehrern, insbesondere an den Kunstprofessoren. Denn die waren es, die ihm den Zugang zur Kunstakademie verweigert haben. Dieser Hass steigt immer wieder aus der Tiefe seiner Seele empor. Er spricht ihnen die Fähigkeit ab, künstlerische Genialität zu erkennen. Er unterstellt ihnen, *jedes Genie umbringen*[107] zu wollen. Dabei klingt klar durch, dass sie seine eigene Hochbegabung nicht erkannt, sondern verkannt haben. Denn Adolf *Hitler war überzeugt ein Genie zu sein.*[108]

10. Lebenslange Nachwirkung

Eher selten versucht er die ihn beschämenden Erinnerungen an sein Prüfungsversagen außerhalb des Hasses zu bewältigen, und zwar durch positives Umformulieren. Hierzu zwei Beispiele:

Wer weiß, wenn meine Eltern vermögend genug gewesen wären, mich die Akademie besuchen zu lassen, so wäre ich wohl nicht in die Lage gekommen, die soziale Not von Grund auf kennenzulernen. Dem der außerhalb der Not lebt, muß erst ein Tor aufgestoßen werden, damit er sie sieht.[109]

Als ich nach Wien kam, hatte ich eine Empfehlung zu Roller [Professor an der Kunstakademie]. Ich habe nur keinen Gebrauch gemacht davon. Wenn ich damals damit zu ihm gekommen wäre, so hätte er mich sofort genommen. Aber ich weiß nicht, ob das für mich besser gewesen wäre: Es wäre mir alles viel leichter geworden![110]

Ins Fadenkreuz des Hasses geraten außerdem die Juristen. Denn sowohl in Österreich als auch in Deutschland haben sie ihn aufgrund seiner Normbrüche in die Mange genommen. Abfällig resümiert er:

Was ich erlebt habe im Laufe meines Lebens an juristischem Aberwitz! Die Juristen sind für mich erledigt![111]

Nicht minder intensiv ist seine Aversion gegen Kleriker, mit denen er schon während seiner Schulzeit auf Kriegsfuß stand:

Diese Pfaffen! Wenn ich bloß so eine schwarze Minderwertigkeit daherkommen sehe! Das Hirn ist dem Menschen gegeben, um zu denken; wenn er denken will, wird er von so einer schwarzen Dreckwanze verbrannt![112]

Im Verlauf des Jahres 1943 erleidet der seit 10 Jahren erfolgsgewohnte und siegreiche Adolf Hitler fortgesetzt

10. Lebenslange Nachwirkung

Adolf Hitler vor dem Modell des neuen Linz – Berlin 1945

Misserfolge. Immer häufiger kommt es zu Konflikten zwischen ihm und der Generalität, die sich zunehmend schwerer tut, seiner Strategie zu folgen. Sein Umfeld erlebt ihn reizbarer, unruhiger und labiler denn je. Inzwischen ist in seiner Kriegspropaganda nicht mehr von Expansion die Rede, sondern von der Verteidigung der Festung Europa. Der Welteroberer wird zum Verteidiger.

Am 4. Juli 1944 starten die Alliierten einen geballten Angriff auf die westlichen Mauern der Festung. Die Invasion gelingt, sie landen in der Normandie und fassen Fuß. Gleichzeitig stößt im Osten die Rote Armee hunderte von Kilometer nach Westen vor und ist nicht mehr weit von den Reichsgrenzen entfernt. Und dem Bombenkrieg fallen immer mehr Zivilisten zum Opfer.

Adolf Hitler ist unfähig, die Sinnlosigkeit dieses Krieges zu erkennen. Seine Wirklichkeitskonstruktion

10. Lebenslange Nachwirkung

bewegt sich im Bereich des Wahnsinns. Die einzige Chance, weiteres Massensterben zu verhindern, ist der Tyrannenmord. Schon 39-mal hat man diese finale Lösung umzusetzen versucht, doch jedes Mal ist der Versuch misslungen. Diesmal plant der militärische Widerstand einen Umsturz unter dem Decknamen Walküre, eingeleitet durch ein Attentat im Führerhauptquartier. Graf von Stauffenberg gelingt es, die Bombe in Hitlers Nähe zu deponieren. Sie geht tatsächlich hoch, doch der Führer überlebt.

Für ihn ist es erneut die Vorsehung gewesen, die ihn gerettet hat. Eine die Welt lenkende Macht, die seinen Weg vorherbestimmt hat. Adolf Hitler hierzu nach dem Attentat:

Wenn ich mir alles noch einmal vergegenwärtige, so ergibt sich für mich ..., daß mir eben nichts passieren soll, besonders da es ja nicht das erste Mal ist, daß ich auf wunderbare Weise dem Tod entronnen bin ... Nach meiner heutigen Errettung aus der Todesgefahr bin ich mehr denn je überzeugt, daß es mir bestimmt ist, nun auch unsere große Sache zu einem glücklichen Abschluss zu bringen![113]

Eine große durch Terror zusammengehaltene Schicksalsgemeinschaft setzt mit dem Führer den Weg ins Verderben fort. Im Herbst 1944 dringen die Russen in Ostpreußen und im Generalgouvernement Polen ein. Deutschland gerät in eine sich ständig verengende Umklammerung. Ausbruchversuche wie die Ardennenoffensive scheitern. Im Osten verursacht eine nie dagewesene Massenflucht ein Riesenchaos. Als der Frühling 1945 beginnt, haben die Westalliierten bereits den Rhein und die Russen die Oder überschritten. Und Adolf Hitler glaubt

10. Lebenslange Nachwirkung

im künstlichen Licht des Führerbunkers immer noch an das Wunder vom Endsieg. Sobald er diesen errungen haben wird, möchte er sich an seinen Alterssitz Linz zurückziehen. Immer wieder beschaut er sich das von seinem Hofarchitekten Hermann Giesler entworfene Modell von der Neugestaltung seiner Heimatstadt.

Als Hitlers Traumwelt unter dem Eindruck der sich stetig verschlechternden militärischen Lage zusammenbricht, wird auch er vom Trauma erfasst. Er zieht nun ein brutales Fazit. Einzig und allein sieht er die Schuld im deutschen Volk, das sich als zu schwach erwiesen hat und deshalb den Untergang verdient. Ihm bleibt nur noch eine Möglichkeit, die er in depressiven Phasen seines Lebens schon mehrfach als Lösung ins Auge gefasst hat: der Suizid. Am 30.4.1945 vollzieht er ihn.

Aus seiner Höherwertigkeit, die er auf dem Olymp seines Lebens wahnhaft erlebt und zelebriert hat, ist er in Abgründe hinuntergestürzt, die nicht tiefer sein können. Das Drama auf der Bühne seines Lebens ist zu Ende. Sein Ausgang ist um ein Vielfaches tragischer als in Wagners Oper Rienzi.

11. Schlussbetrachtung

„Misserfolg verbittert Menschen und macht sie grausam."
(William Somerset Maugham)

Zur selben Zeit, als Adolf Hitler seine Misserfolgsserie durchlebte, begann in Wien die Karriere eines Arztes und Psychotherapeuten, der bald über die Grenzen Österreichs hinaus bekannt wurde. Er hieß Alfred Adler. Geboren wurde er 1870 in Rudolfsheim bei Wien in einer kleinbürgerlich-jüdischen Familie. Er war in den ersten Kindheitsjahren sehr kränklich und von einer Organminderwertigkeit geplagt. Er litt nämlich an einer Rachitis, die beim Weinen einen schmerzhaften Stimmkrampf erzeugte. Als er eines Tages an einer lebensbedrohlichen Lungenentzündung erkrankte, beschloss er, später einmal Arzt zu werden.

Auch Alfred Adlers Schullaufbahn war nicht gradlinig. Ähnlich wie die Adolf Hitlers bestand seine Schulzeit aus zwei unterschiedlichen Perioden, aus einer erfolgreichen und einer problematischen. Erstere war die Grundschulzeit, letztere die Gymnasialzeit. In den ersten Jahren auf der höheren Schule machte ihm das Fach Mathematik sehr zu schaffen. Seine Lernstörung überwand er durch die Ermutigung eines Lehrers. Sie wurde ihm zuteil, weil er zu aller Überraschung an einem Schultag eine Aufgabe löste, die dem Lehrer als unlösbar erschien. Das wertschätzende Kompliment des Lehrers veränderte binnen kurzer Zeit sein Selbstbild von der

11. Schlussbetrachtung

mathematischen Fähigkeit. Die emotionale Lernblockade verschwand umgehend. Dennoch wurde er nicht zum Überflieger, weil er auf Sparflamme lernte und das Gymnasium als lebensfremde Lehranstalt empfand.

Nach dem Abitur verwirklichte er seinen lang gehegten Wunsch und studierte Humanmedizin. Danach folgte eine Assistenzzeit an der Wiener Poliklinik. 1898 eröffnete er in der Wiener Leopoldstadt eine internistische Privatpraxis. Binnen kurzer Zeit erwarb sich der junge Arzt eine hervorragende Reputation, was einen stetig wachsenden Patientenstamm zur Folge hatte. Unter seinen Patienten waren viele Menschen, die an psychischen und psychosomatischen Störungen litten. Ihnen konnte der Arzt und Seelenheiler wirksam helfen.

Sigmund Freud, der Begründer der Psychoanalyse, erfuhr von Alfred Adlers Therapieerfolgen und lud den jungen Kollegen 1902 ein, an den Sitzungen der legendären Mittwochabendgesellschaft teilzunehmen. In diesem professionellen Weiterbildungskreis hielt Alfred Adler am 7.11.1906 einen Vortrag, in dem er anschaulich darlegte, wie aus Minderwertigkeitsgefühlen Neurosen entstehen. Dies war die Grundsteinlegung der Individualpsychologie, eines tiefenpsychologischen Theoriegebäudes und einer Behandlungsmethodik, die in den folgenden Jahren eine immer konkretere Gestalt annahm. Weil Alfred Adler in seiner Lehre die zentrale Rolle der Sexualität bei der Verursachung psychischer Störungen bestritt, kritisierte ihn Sigmund Freud scharf, was zum Zerwürfnis der beiden führte. Ein Jahr später publizierte der Dissident sein Hauptwerk *Über den nervösen Charakter*[114].

Aus Alfred Adlers individualpsychologischer Leh-

11. Schlussbetrachtung

re geht hervor, dass sich aus Minderwertigkeitserlebnissen, den ein Heranwachsender durch väterliche Tyrannei und schulische Misserfolge erleidet, gravierende Minderwertigkeitsgefühle entwickeln. Versagens- und Züchtigungserlebnisse setzen ein überkompensierendes Machtstreben in Gang, das zur entscheidenden Triebkraft seines Handelns wird. Im Verlauf dieser Fehlentwicklung identifiziert sich der am Minderwertigkeitskomplex Leidende oft mit machtvollen Figuren und ergeht sich in Machtphantasien. Hinzu kommen ein übersteigertes Bedürfnis nach Beachtung, Anerkennung und Ruhm. Aggression und Gewalt dienen als Mittel zum Zweck der Zielerreichung Aus all dem resultiert ein Lebensplan, und damit letztlich auch ein Lebensschicksal.

Schauen wir durch die Adler'sche Brille auf die Fehlentwicklung Adolf Hitlers. Er war in seinen ersten Schuljahren ein erfolgreicher Schüler, der ohne besondere Anstrengung sehr gute Noten schrieb. Diese Erfahrung des mühelosen Erfolgs erzeugte eine Fehleinstellung, die ihm auf der Realschule zum Verhängnis wurde. Trotz der Peitsche des Vaters und des Zuckerbrotes der Mutter war er nicht willens und fähig, sie zu verändern.

Die aus den schulischen Misserfolgen resultierenden Frustrationen versuchte er mit verschiedenen Mitteln zu bewältigen. Mit Unterrichtsstörungen und Clownerien warb er bei seinen Klassenkameraden um Aufmerksamkeit und Anerkennung. Trotz der Anwendung brutaler Erziehungsmittel kroch er seinem Vater nicht zu Kreuze. Er rächte sich, indem er sich um kein Jota änderte. Und bisweilen entzog er sich, um in Ruhe gelassen zu werden.

Dennoch haben seine Niederlagen das Selbstbild des

11. Schlussbetrachtung

einstigen Stars erschüttert und schwer ertragbare Minderwertigkeitsgefühle erzeugt, die sich im tiefen Grund seiner Seele zu einem Minderwertigkeitskomplex verdichtet haben. Daraus entstand eine neurotisch- kompensatorische Fehlhaltung, aus der ein übersteigertes Geltungs- und Machtstreben resultierte. Diese seelische Konstellation verstärkte sich, nachdem sein Traum vom Kunststudium endgültig geplatzt war. Denn mit dem Bestehen der Aufnahmeprüfung wollte er ja den schulischen Misserfolg kompensieren.

Das trostlose Leben als Postkartenmaler fügte Adolf Hitlers Seele eine weitere seelische Verwundung zu, und zwar eine Sinnfrustration. Sie erzeugte immer wieder depressive Phasen, die er im Lauf der Zeit mit Hass gegen Andersdenkende und Andersartige zu bekämpfen lernte.

Zwischenprodukt dieser Fehlentwicklung war der fanatische Hassprediger, der nach dem Ersten Weltkrieg die politische Bühne betrat, die Massen zu erobern begann und darin seinen Lebenssinn fand.

Seine Minderwertigkeitsgefühle konnte er nie durch die Entfaltung eines reifen Gemeinschaftsgefühls überwinden, das der Mensch braucht, damit das Machtstreben nicht übermächtig wird. Er blieb äußerst egoistisch und bekämpfte die Störungen aus der Tiefenpsyche, indem er all seine seelischen Energien auf die maximale Machtgewinnung ausrichtete. Diese Kampfhaltung erzeugte in ihm einen nervlich extrem anspannenden Dauerzustand, der seinem unmittelbaren Umfeld deutlich auffiel.

Aus tiefenpsychologischer Sicht ist wichtig zu wissen, dass Adolf Hitler sich seiner Minderwertigkeitsgefühle wohl nicht bewusst war. Das Motiv seines Han-

11. Schlussbetrachtung

delns blieb ihm verborgen. Er verspürte lediglich die von ihnen ausgehende seelische Kraft und er sah täglich die Ziele, die er sich zu deren Überwindung gesetzt hatte.

Die pathologische Überkompensation trug zweifelsohne entscheidend dazu bei, dass aus dem gescheiterten Schüler der Führer des Großdeutschen Reiches wurde. In der Politik fand er jenes Betätigungsfeld, das ihm das Ausagieren seiner zentralen seelischen Antriebskraft ermöglichte und ihn tatsächlich mächtig werden ließ.

Im Verlauf seiner Unmensch-Werdung ähnelte er immer mehr seinem Vater: jähzornig, brutal, aufbrausend, unterdrückend. Diese Eigenschaften sind in seinem Charakterbild letztlich noch stärker ausgeprägt.

Adolf Hitlers krankhaftes Machtstreben und sein Fanatismus wurden durch ein seelenverwandtes gesellschaftlich-politisches Umfeld systematisch verstärkt, das sich ebenfalls in einem Zustand von Minderwertigkeit und Kränkung befand. Und je erfolgreicher er dort agieren konnte, desto mehr verstärkte er sich selbst. Irgendwann war er von seiner Überwertigkeit überzeugt. Daraus entstand eine private Logik, die da lautete: Wer so erfolgreich ist, handelt letztlich im Dienste einer quasigöttlichen Vorsehung. Das Überleben vieler Attentatsversuche festigte diesen Glauben. In Annäherung an sein Ende zerstörte diese Wirklichkeitskonstruktion seinen Wirklichkeitssinn.

Stellen wir uns vor, der junge Adolf Hitler lebte in der Jetztzeit. Bis zum Ende der Grundschule ist er ein sehr guter Schüler, dem die Erfolge quasi zufliegen. Im Gymnasium stürzt der Überflieger erwartungswidrig ab. Er legt ein miserables Lern- und Arbeitsverhalten an den Tag. Elterliches Mahnen löst das Problem nicht. Im

11. Schlussbetrachtung

Gegenteil: Der Schüler entwickelt eine Appell-Allergie. Gleichzeitig versucht er den Misserfolg durch unterrichtliche Disziplinstörungen zu kompensieren. Der Klassenlehrer empfiehlt den ratlosen Eltern, an einer Schulpsychologischen Beratungsstelle professionelle Hilfe in Anspruch zu nehmen.

Nach einer gründlichen Diagnose kommt der Schulpsychologe zum Schluss, dass der Problemschüler für das Gymnasium sehr gut begabt ist, aber dieses Potenzial nicht in adäquate Schulleistungen umgesetzt werden kann. Hauptursache hierfür sind elterliche Erziehungs- und Beziehungsfehler, die die Entwicklung einer selbstständigen Lernmotivation verhindert haben. Aufbauend auf seinen Erkenntnissen vereinbart er mit dem Schüler, seinen Eltern und den Lehrern ein Änderungsprogramm, dessen Umsetzung er in den nächsten Monaten beratend begleitet. In der abschließenden Beratungssitzung stellt er fest, dass der einstige Problemschüler sich selbst zu steuern gelernt hat, wieder gute Noten schreibt und sich im Unterricht diszipliniert verhält.

Auch wenn es heutzutage im Vergleich zu Adolf Hitlers Schulzeit solche professionellen Hilfen gibt, werden sie nicht immer in Anspruch genommen. Es gibt nicht wenige Problemschüler, die wie Adolf Hitler zum Schulversager werden. Manche driften ähnlich wie er in Traumwelten ab. Andere kompensieren ihre Sinnfrustration mit Drogen und Alkohol, begehen Eigentumsdelikte, werden psychisch krank oder begehen Selbstmord.

Und möglicherweise entwickelt sich aus dem Misserfolgserlebnis so viel Hass, dass der Schulversager einen Amoklauf plant und durchführt. Vielleicht war Adolf Hitlers überkompensatorisches und hasserfülltes Denken

11. Schlussbetrachtung

und Handeln, dem unzählige Menschen zum Opfer gefallen sind, ein lebenslanger Amoklauf mit einem finalen Suizid.

Anmerkungen

1. Zit. nach Toland 1981, Band 2, 1077
2. Ricking u.a., 2009, 7
3. Fest 1998, 44
4. Ebd., 44f.
5. Zit. nach Zdral 2008, 22f.
6. Jetzinger 1956, 55
7. Ebd., 79
8. Mein Kampf, 1
9. Mein Kampf, 1
10. Zit. nach Läpple 2001, 46
11. Zit. nach Toland 1981, Band 1, 24
12. Jetzinger 1956, 89
13. Ebd., 89
14. Ebd., 89
15. Läpple 2001, 119f.
16. Mein Kampf, 4
17. Zit. nach Toland 1981, Band 1, 27
18. Chelius 1933, o.S.
19. Mein Kampf, 4
20. Zit. nach Jetzinger 1956, 92
21. Toland 1981, 30
22. http://www.spiegel.de/spiegel/print/d-13525519.html (6.1.2010)
23. Zit, nach Hamann 1998, 21
24. Zit. nach Langer 1973, 110
25. Mein Kampf, 6
26. Schroeder 1985, 63
27. Zit. nach Toland 1981, Band 1, 36
28. Kandl 1963, XXVI
29. Schroeder 1985, 62
30. Zit. nach Jochmann 1980, 185
31. Zit. nach Jochmann 1980, 185
32. Zit. nach Jochmann 1980, 288
33. Jetzinger 1956, 116
34. Zit. nach Jochmann 1980, 190
35. Zit. nach Jochmann 1980, 190
36. Zit nach Maser 1998, 73
37. Möcker 2006, 142
38. Zit. nach Jochmann 1980, 377
39. Zit. nach Jochmann 1980, 190
40. Zit. nach Toland 1982, Band 1, 38
41. Kubizek 2002, 58
42. Kubizek 2002, 22
43. Kubizek 2002, 23
44. Kubizek 2002, 23
45. Zit. nach Hamann 1998, 43
46. Zit. nach Hamann 1998, 44
47. Oper Rienzi von Richard Wagner 1842
48. Kubizek 2002, 117
49. Kubizek 2002, 142
50. Kubizek 2002, 131f.
51. Jetzinger 1956, 144
52. Mein Kampf, 18
53. Maser 1998, 78
54. Zit. nach Kershaw 1998, 55
55. Mein Kampf, 19

Anmerkungen

[56] http://www.spiegel.de/spiegel/print/d-40680688.html (3.1.2010)
[57] Kubizek 2002, 141
[58] Zit. nach Hamann 2008, 89
[59] Zit. nach Hamann 2008, 89
[60] Hamann 2008, 91
[61] Zit. nach Hamann 2008, 261
[62] Maser 2002, 30f.
[63] Zit. nach Schwarz 2009, 41
[64] Kubizek 2002, 153
[65] Jetzinger 1956, 191
[66] Kubizek 2002, 161.
[67] Kubizek 2002, 167
[68] Kubizek 2002, 167
[69] Kubizek 2002, 188
[70] Kubizek 2002, 189
[71] Kubizek 2002, 223
[72] Kubizek 2002, 235
[73] Kubizek, 2002, 259f.
[74] Zit. nach Jetzinger 1956, 206
[75] Pecht 1879, 343
[76] Kubizek 2002, 264
[77] Mein Kampf, 21
[78] Zit. nach Fest 1999, 103
[79] Mein Kampf, 20
[80] Mein Kampf, 189f.
[81] Mein Kampf, 390f.
[82] Mein Kampf, 388
[83] Zit. nach Fest 1998, 238
[84] Zit. nach Kershaw 1998, 230
[85] Zit. nach Dornberg 1998, 359
[86] Zit. nach Fest 1998, 292
[87] Jetzinger 1956, 105f.
[88] Zit. nach Steffahn 1983, 73
[89] Mein Kampf, 8
[90] Mein Kampf, 16
[91] Mein Kampf, 12f.
[92] Maser 2002, 153
[93] Mein Kampf, 455
[94] Zit. nach Kershaw 1998, 523
[95] Zit. nach Kershaw 1998, 575
[96] Zit. nach Kershaw, 559
[97] Kubizek 2002, 271f.
[98] Zit. nach Picker 1999, 133
[99] Jetzinger 1956, 96
[100] Zit. nach Hamann 2008, 233
[101] Zit. nach Hamann 2008, 270
[102] Zit. nach Hamann 1998, 18
[103] Zit. nach Picker 1999, 306
[104] Zit. nach Picker 1999, 306
[105] Zit. nach Picker 1999, 165
[106] Zit. nach Jochmann 1980, 170
[107] Zit. nach Schwarz 2009, 53f.
[108] Schwarz 2009, Rückendeckel
[109] Zit. nach Jochmann 1980, 72
[110] Zit. nach Jochmann 1980, 200
[111] Zit. nach Jochmann 1980, 243
[112] Zit. nach Jochmann 1980, 285
[113] Zit. nach Schmidt, P 1950, 583
[114] Adler 1912

Literatur

Adler, A.: Über den nervösen Charakter. Wien 1912.
Bavendamm, D.: Der junge Hitler. Korrekturen einer Biographie. 1889-1914. Graz 2009.
Chelius, F. H.: Aus Adolf Hitlers Jugendland und Jugendzeit. Leipzig 1933.
Conzen, P.: Fanatismus. Psychoanalyse eines unheimlichen Phänomens. Stuttgart 2005.
Dornberg, J.: Der Hitlerputsch – 9. November 1923. München 1998 (2. Aufl.).
Dreikurs, R.: Grundbegriffe der Individualpsychologie. Stuttgart 2009 (12. Aufl.).
Erikson, E.: Kindheit und Gesellschaft. Stuttgart 2005 (14. Aufl.).
Fest, J.: Hitler. Eine Biographie. Berlin 1998 (Neuausgabe).
Gruen, A.: Der Fremde in uns. München 2005 (5.Aufl.).
Haidinger, M./Steinbach, G.: Unser Hitler. Die Österreicher und ihr Landsmann. Salzburg 2009.
Hamann, B.: Hitlers Wien. Lehrjahre eines Diktator. München 1998.
Hamann, B.: Hitlers Edeljude. Das Leben des Armenarztes Eduard Bloch. München 2008.
Heiden, K.: Adolf Hitler. Das Zeitalter der Verantwortungslosigkeit. Zürich 2007 (Neuausgabe).
Hitler, A.: Mein Kampf. München 1933 (37. Aufl.).
Jetzinger, F.: Hitlers Jugend. Phantasien, Lügen – und die Wahrheit. Wien 1956.
Jochmann, W. (Hrsg.): Adolf Hitler. Monologe im Führerhauptquartier 1941-1944. Aufgezeichnet von Heinrich Heim. Hamburg 1980.
Kandl, E.: Hitlers Österreichbild. Dissertation. Wien 1963.
Kershaw, I.: Hitler. 1889-1936. Stuttgart 1998 (2. Aufl.).
Kershaw, I.: Hitler. 1936-1945. Stuttgart 2002.

Literatur

Koch-Hillebrecht, M.: Homo Hitler. Psychogramm des deutschen Diktators. München 1999.

Kubizek, A.: Adolf Hitler mein Jugendfreund. Graz 2002.

Langer, W. C.: Das Adolf-Hitler-Psychogramm. Wien, München, Zürich 1973.

Läpple, A.: Adolf Hitler. Psychogramm einer katholischen Kindheit. Stein am Rhein 2001.

Marckgott, G.: „... von der Hohlheit des gemächlichen Lebens." Neues Material über die Familie Hitler in Linz. In: Jahrbuch des Oberösterreichischen Musealvereines. Gesellschaft für Landeskunde. 138. Band. 1. Abhandlung. Linz 1993.

Maser, W.: Adolf Hitler: „Aufriß über meine Person." DER SPIEGEL 14/1973, S. 46.

Maser, W.: Adolf Hitler. So führte und regierte er. Koblenz 1997.

Maser, W.: Adolf Hitler. Legende, Mythos, Wirklichkeit. München und Esslingen 1998 (17. Aufl.).

Maser, W.: Hitlers Briefe und Notizen. Sein Weltbild in handschriftlichen Dokumenten. Graz 2002.

Matussek, P./Matussek, P./Marbach, J.: Hitler Karriere eines Wahns. München 2000.

Miller, A.: Am Anfang war Erziehung. Frankfurt am Main 1983.

Möcker, H.: Hitlers Schülerbiograhie – nachgeprüft und berichtigt. Was bisher unbeachtete Dokumente und eine Neulesung bekannter Materialien ergeben. In: Haidacher, C./Schober, R.: Von Stadtstaaten und Imperien. Kleinterritorien und Großreiche im historischen Vergleich. Tagungsbericht des 24. Österreichischen Historikertages, Innsbruck, 20.-23. September 2005. Innsbruck 2006.

Oden, R.: Hitler. Hildesheim 1981.

Pecht, F.: Deutsche Künstler des 19. Jahrhunderts. Zweite Reihe. Nördlingen 1879.

Literatur

Picker, H.: Hitlers Tischgespräche im Führerhauptquartier. Berlin 1999.

Rauschning, H.: Gespräche mit Hitler. Wien 1973.

Ricking, H./Schulze, G./Wittrock, M. (Hrsg.): Schulabsentismus und Dropout. Erscheinungsformen, Erklärungsansätze, Intervention. Paderborn 2009.

Schmidt, P.: Statist auf diplomatischer Bühne. 1923-1945. Bonn 1950.

Schroeder, C.: Er war mein Chef. Aus dem Nachlass der Sekretärin von Adolf Hitler. München 1985.

Schwarz, B.: Geniewahn: Hitler und die Kunst. Wien, Köln, Weimar 2009.

Smith, B.F.: Adolf Hitler. His Family, Childhood, and Youth. Stanford 1967.

Stadtgemeinde Leonding (Hrsg.): Spurensuche Leonding 1898 – 1938 – 2008. Das Buch zur Ausstellung. Leonding 2008.

Steffahn, H.: Hitler. Reinbek bei Hamburg 1983.

Stierlin, H.: Adolf Hitler. Familienperspektiven. Frankfurt am Main 1995.

Toland, J.: Adolf Hitler. Band 1. Bergisch Gladbach 1981.

Toland, J.: Adolf Hitler. Band 2. Bergisch Gladbach 1981.

Vinnai, G.: Hitler – Scheitern und Vernichtungswut. Zur Genese des faschistischen Täters. Gießen 2004.

Zdral, W.: Die Hitlers. Die unbekannte Familie des Führers. Bergisch Gladbach 2008.

Zentner, C.: Adolf Hitlers Mein Kampf. Eine kommentierte Auswahl. München 1999 (13. Auflage).

Zerlik, A.: Adolf Hitlers Linzer Schuljahre. In: Archiv der Stadt Linz (Hrsg.): Historisches Jahrbuch der Stadt Linz 1975. Linz 1906.

Quellennachweis der Abbildungen

Seite 7:
00056151 (Alois Hitler) ullstein bild
00062846 (Klara Hitler) ullstein bild
Seite 10:
00802671 (Hitlers Geburtshaus) ullstein bild/Imagno
Seite 15:
00013424 (Hitler als Baby) ullstein bild
Seite 19:
69014009 (Dorfschule Fischlham) ullstein bild/SZ Photo
Seite 21:
13406311 (Kloster Lambach) ullstein bild/United Archives
Seite 23:
00013430 (Hitlers Elternhaus) ullstein bild
Seite 24:
00013426 (Hitler als Volksschüler) ullstein bild
Seite 31:
69000500 (Klassenfoto) ullstein bild/SZ Photo
Seite 64:
Wiener Akademie der bildenden Künste; Urheber: Gryffindor
Seite 66:
Dr. Eduard Bloch in Arztpraxis; Quelle: Deutsches Bundesarchiv (German Federal Archive), Bild 146-1975-096-33A
Seite 83:
Männerwohnheim Meldemannstraße (in der Wiener Brigittenau); Urheber: Edward Hopper
Seite 105:
00734401 (Hitler in Wien 1938) ullstein bild/SZ Photo
Seite 112:
00444655 (Hitler, Linz) ullstein bild/W.Frentz

Trotz intensiver Recherche konnten nicht alle Bildquellen eruiert werden. Dies gilt für die Abbildungen auf den Seiten 29, 47, 51, 53 und 85. Etwaige Rechteinhaber dieser Bilder werden gebeten, sich ggf. an den Verlag zu wenden.

Marga Spiegel
Retter in der Nacht
Wie eine jüdische Familie in einem münsterländischen Versteck überlebte. Herausgegeben und kommentiert von Diethard Aschoff
Der Überlebensbericht RETTER IN DER NACHT beschreibt das angstvolle gehetzte Leben einer jüdischen Familie im stets gefährdeten münsterländischen Versteck. Gleichzeitig zeigt sich die menschliche Größe, der Mut und das Gottvertrauen der Retter. Ihnen setzt die Autorin in diesem Buch ein Denkmal. Es ist das früheste, farbigste und umfangreichste Zeugnis dieser Art aus Westfalen. Über Jahrhunderte läßt sich die Familiengeschichte verfolgen. Als deutsche Patrioten nahm man am 1. Weltkrieg teil. Dem Holocaust fielen 37 Angehörige zum Opfer. Jüdisches Schicksal im 20. Jahrhundert in Deutschland!
7. Aufl. 2010, ca. 232 S., ca. 16,80 €, br.,
ISBN 978-3-8258-3595-8

Yehuda Bauer
Jüdische Reaktionen auf den Holocaust
2010, ca. 264 S., ca. 29,90 €, br.,
ISBN 978-3-643-10958-3

Hannelore Fröhlich
Judenretter – Abenteurer – Lebemann: Mein Vater Josef Schleich
Spurensuche einer Tochter
Josef Schleich rettete mehr Juden als der weltbekannte Schindler und doch blieb er völlig unbekannt. Zwischen 1938 und 1941 schmuggelte er mit Unterstützung der jüdischen Kultusgemeinde und mit Duldung der Behörden zahlreiche Juden ins Ausland. Unter dem Namen „Reisebüro Schleich" war seine Tätigkeit für viele bedrängte Juden die letzte Hoffnung. Seine Tochter Hannelore Fröhlich hat sich auf eine persönliche Suche nach ihrem Vater begeben. Neben der Vatergestalt wird erstmals die Geschichte von Josef Schleich dargestellt.
2007, 176 S., 17,90 €, gb.,
ISBN 978-3-8258-0923-2

Erika J. Fischer; Heinz-D. Fischer
Die Entlarvung Hitler-Deutschlands
Das Dritte Reich in Karikaturen von Pulitzer-Preisträgern
2008, 416 S., 79,90 €, br.,
ISBN 978-3-8258-1312-3

LIT Verlag Berlin – Münster – Wien – Zürich – London
Auslieferung Deutschland / Österreich / Schweiz: siehe Impressumsseite

Amberg
Taus
Klattau
Neumarkt
Regen
Schüttenhfn.
Regensburg
Arber
1458
Y E R N
Budwe
Rachel
Straubing
Deggend.
Ingolstadt
Isar
Landshut
Passau
Freising
Mühldf.
Inn
O b e
Fischlkam
München
Braunau
Lambach
Ö s t e
Chiem-See
Vöcklabck.
Rosenhm.
Salzburg
Gmunden
Reichenhall
1780
Ischl
Aussee
Königs
2714
Hallstatt
Watzmann
Kitzbühel
Bischofshfn.
Dachst.
2996
Salzburg
Pinzgau
Hohe Tauern
Nied. Tauern
3798
Gastein
Gr. Glockner
Möll
Lienz
K ä r n t
Spittal
St. Veit
Villach